– 아주 특별한 경영 수업 –

소프트뱅크 손정의 회장 직강

孫正義リーダーのための意思決定の極意

(SON MASAYOSHI LEADER NO TAMENO ISHI KETTEI NO GOKUI)
by 孫正義, 新書編集部 (SON MASAYOSHI, SHINSHO HENSHUBU)
© KOBUNSHA 2011
All rights reserved
Korean translation copyright © 2011 by Milal publisher
Korean translation copyrights arranged with Kobunsha Co., Ltd.(光文社)
through JMCA(JM Contents Agency Co.)

이 책의 한국어 저작권은 JMCA(JM Contents Agency Co.)를 통해 Kobunsha Co., Ltd.(光文社)와 독점 계약한 도서출판 밀알에 있습니다. 저작권법에 의하여 한국 내에서 보호를 받는 저작물이므로 무단 전재와 복제를 금합니다.

ISBN 978-89-418-0345-4

- 아주 특별한 경영 수업 -

소프트뱅크 손정의 회장 직강

저자 손정의

역자 김성영

추천사

임영록(신세계그룹 경영전략실장/사장)

"비전 있는 리더는 후계자를 키우는 방식부터 다르다."

손정의 회장의 경영은 언제나 일반인의 예측을 뛰어넘는 상상에서 시작된다. 누구보다 앞서 미래를 읽고, 대담하게 투자하며, 실패조차 자산으로 전환해온 그의 리더십 스타일이 궁금했던 독자라면, 이 책은 그 해답을 분명히 제시해줄 것이다.

이 책은 단순한 경영 기술서가 아니다. 손정의 회장이 지닌 비전 중심의 경영 철학이 그의 후계자 교육을 통해 어떻게 구체화되고 있는지를 보여주는, 리더십 계승의 생생한 현장 보고서다.

리더의 올바른 의사결정은 어떠해야 하는가? 손정의는 자신의 경험을 바탕으로 이에 대한 깊은 통찰을 이 책에 담아냈다. 단기실적이나 숫자 중심의 리더십이 아닌, 기업의 존재 이유에 대한 시대정신, 고객에 대한 애정, '인(仁)'의 가치, 그리고 시대의 흐름을 꿰뚫는 거시적 안목이야말로 진정한 리더십의 핵심임을 강조한다.

멀티 비즈니스 모델, 물러설 줄 아는 용기, 상대를 감싸안는 포용력 등 전략적 사고와 인간중심의 경영이 조화를 이룰 때, 비로소 300년 이상 지속 가능한 기업이 될 수 있다는 그의 믿음이 이 책 전반에 흐른다.

지금 이 순간에도 자신의 역할과 기업의 미래를 고민하는 리더라면, 이 책 속에서 다음 시대를 여는 단초를 반드시 발견하게 될 것이다.

고승재(넥스큐브 대표이사, 소프트뱅크 아카데미아 4기 입학생)

내가 '손정의' 회장의 존재를 처음 알게 된 것은 행정병으로 군 복무를 하던 1999년의 일이다. 일간지 도서 광고에 '손정의 인터넷 제국의 지배자'라는 책 제목이 눈에 확 들어왔다. 휴가를 나가서는 당장 책을 사들고 읽어 내려가기 시작했다.

어린 시절, 크게 성공한 사람들을 보며 '저 사람도 사람이고 나도 사람인데 내가 못할 이유가 무엇인가'라고 생각하며 엄청난 도전을 이어나가고 있는 손정의 회장은 20대의 내가 보기에 세상에서 가장 멋진 사나이였다.

손정의 회장이 빌게이츠를 제치고 세계 1위 부자의 자리에 3일간 올라간 것도 잠시, 곧 2000년 당시 인터넷 버블이 터졌고, 소프트뱅크의 주가는 100분의 1이 되었으며, 사람들은 소프트뱅크를 비롯한 IT기업들을 사기꾼이라며 손가락질했다. 나는 군 제대

후 복학하여 친구들과 회사를 만들어 투자를 받으러 다녔으나 이미 인터넷 버블이 터진 후여서 투자를 받는 것은 불가능했다. 친구들과는 인터넷의 시대가 되었으니 IT 역량이라도 키우고 기회를 보자는 생각에 학교를 다니면서 동네 중국집 홈페이지부터 만들며 사업의 경험을 키우고 있었다.

그 당시 어떤 잡지에서 손정의 회장이 Yahoo! BB를 설립하여 브로드밴드 사업을 진행하고 있는데, 연간 적자가 1조 원 가까이 예상이 된다는 내용의 글이 실려 있었다. 하지만, 마지막 부분에는 손 회장은 매일 아침 일어날 때마다 기대감에 가슴이 뛰고 설렌다고 말하는 내용도 함께 실려 있었다. 이 글을 함께 읽은 친구들은 "역시 손정의는 제정신이 아니야. 다시 일어날 수 있겠어?"라고 했지만, 나만은 "나는 손정의 회장님이 다시 더 크게 일어날 거라고 믿어"라고 말했다.

대학을 졸업한 후, 잠시 컨설팅 회사에서 일하다가 역시 나는 사업을 해야겠다는 생각으로 2004년 회사를 창업한 후, 곧바로 찾아간 곳은 역시나 소프트뱅크 벤처스 코리아(현 SBVA-소프트뱅크 벤처스 아시아)였다. 아직 투자가 다시 활성화되지 않은 시기였기도 하고, 내가 창업한 회사가 IT사업을 하지 않는 회사였기에 SBVK 투심 파이널 단계에서 고배를 마시긴 했지만, 하도 SBVK분들께 연락을 많이 드리고 찾아가다보니, 문규학 대표님(현 SB Vision Fund 운용), 강동석 부사장님(현 고문)을 비롯한 심사역님들과 자연스럽게 친분이 생기기도 하였다.

사업을 이어나가면서도 손정의 관련 책이 출간되면 나오는 대로 모두 다 읽었고, 나에게 있어 사업 초기의 각종 어려움을 뚫어나가는 데 가장 큰 힘이 되는 존재는 단연 '손정의'였다.

2010년, 나는 몇 년간 회사의 규모를 키웠고 SBVK에서도 투심을 다시 해보겠다고 말씀해 주셔서 심사를 막 진행하던 중, 신문기사에서 손정의 회장님이 〈소프트뱅크 아카데미아〉를 개교해 1기생을 모집한다는 기사를 접했다. 당연히 나는 1기에 지원서를 넣었고, 서류에 합격하여 1차 프레젠테이션 날짜를 통보 받았으나, 나의 회사는 갑자기 큰 어려움에 처하게 되어 투심도 중단하고, 아카데미아 사무국에도 "크게 곤란한 일이 발생하여 이번에 지원할 수 없게 되었다. 이 문제를 해결한 후 다시 지원하겠다"라고 말씀드렸고 아쉽게도 일본에 갈 수 없었다.

그로부터 3년 후, 나는 큰 문제를 모두 해결하고 회사를 다시 재건시킨 상태였고, 4기 모집공고가 뜨자마자 지원서를 넣었다. '내가 소프트뱅크 아카데미아 학생이 되어야 하는 이유'를 5분간 프레젠테이션해야 하는데, 1, 2, 3차 라운드를 모두 다 통과해야 했다. 3라운드에는 손 교장이 직접 심사를 하시는 과정이었다.

나는 아직도 마지막 3라운드에서 바로 내 앞에 앉아 나의 프레젠테이션을 유심히 경청해주시는 손 교장의 모습을 잊을 수가 없다. 아마 태어나서 가장 떨리는 순간이었을 것이다.

다행히 나는 합격했고, 2025년 현재(16기)도 아카데미아 4기 외부생으로 재학 중이다.

원래 소프트뱅크 아카데미아는 손 교장이 60세가 되는 해에 후계자를 선발하면서 마무리가 되는 계획을 가지고 있었다. 그러나,

60세가 되기 몇 해 전인 2014년, 갑자기 구글 부사장 출신의 니케시 아로라를 후계자로 지목했고, 2년 후 니케시 아로라는 소프트뱅크를 떠났으며, 손 교장은 "이런 흥미진진한 AI의 시대가 열리고 있는데, 도저히 집에 놀고 앉아 있을 수가 없다. 게다가 몸도 너무나 건강하다"며 후계자 지목도 10년 후로 연기했다.

나는 소프트뱅크 아카데미아를 통해 아카데미아 친구들과 교류하는 것, 그리고 배우는 것이 많기에 '아카데미아가 연장되어 좋다'는 생각과 즐거운 마음으로 재학 중에 있다. 12년간 하위 10%에 들어가지 않은 것(아카데미아는 매년 하위 10%를 탈락시키고, 그만큼의 수를 새로운 기수로 선발한다)도 무척 다행이라 생각하고 있다.

이 책에 나오는 "손의 제곱의 병법"은 아카데미아생이라면 누구나 숙지하고 있는 내용이다. 실제 발표수업에서 제곱의 병법의 25자 가운데 한 글자를 따서 발표자료에 반영하는 경우들도 많다. 그만큼 손 교장이 가장 강조하는 핵심내용이기도 하고, 나 스스로도 사업을 하면서 처하는 여러 상황에서 어떤 원칙과 기준으로 의사결정 및 판단을 해야 할지 막막할 경우 25글자 중 한 글자를 떠올리며 생각하는 경우도 많다.

다만, 30문답에 대해서는 개인적으로 손 교장의 질문의 내용만 가지고는 절대로 정답을 이야기할 수 없다는 점을 강조하고 싶다. 똑같은 질문이어도 처한 상황에 따라 의사결정은 완전히 달라지기 때문이다. 따라서, 독자가 사업의 초심자라면 절대 손 교장의 30문답 내용들을 글자 그대로만 받아들여서는 안 되며, 반드시 손 교장이 왜 그 상황에서 그러한 의사결정과 판단을 했는지, 그 배경과 맥락을 파악해야 한다는 점을 이야기하고 싶다.

손 교장은 김대중 대통령 앞에서 "브로드밴드, 브로드밴드, 브로드밴드"를 외쳤고, 문재인 대통령 앞에서는 "AI, AI, AI"를 외쳤다. 2025년 이제는 대중들도 피부로 느낄 만큼 진짜 AI의 시대가 활짝 열렸다. 진짜 AI혁명의 시대가 온 지금, 다시 한 번 손정의 교장님의 제곱의 병법을 되새겨 본다.

아카데미아가 개교한 지 어느덧 15년이 흘렀다. 그 사이에 소프트뱅크는 계속 성장했지만, 성장 속에서도 여러 실패한 투자사례들도 있다. 항간에는 손정의에 대해, 소프트뱅크에 대해 이런저런 말들도 많다. 그러나 나는 여전히 손 교장의, 소프트뱅크의 미래를 낙관한다. "높은 뜻을 가지고", "정보혁명으로 인류를 행복하게 하겠다"는 손정의 회장의 뜻에 변함이 없기 때문이다.

마지막으로 AI의 시대가 열린 지금, 젊은 사업가, 경영자들에게, 각 기업에서 미래를 만들어 나가고 있는 인재들에게 피가 되고 살이 될 제곱의 병법과 30문답의 생생한 강의 내용을 번역하여 출간하시는 김성영 역자님께도 찬사와 감사의 인사를 드린다.

문규학(소프트뱅크 비전펀드 아시아/유럽 총괄사장)

이 책의 토대가 된 후계자 양성 강의가 있은 지 15년이 흘렀습니다. 그 사이 손정의 회장과 소프트뱅크는 수많은 격동의 파고를 지나왔습니다. 그래서 이 책에 나온 질문들의 시의성이 다소 옅어졌을지 모릅니다. 소프트뱅크의 15년은 여느 조직의 150년에 비견될 만큼 밀도 높은 시간이기 때문입니다. 그럼에도 2,500년 전 현자와 당대의 걸출한 기업가의 시공을 초월한 협업으로 탄생한 '손의 제곱의 병법'은 인공지능 시대에도 여전히 유효한 전략서라 믿습니다. 이 책에 담긴 25개의 한자어를 온전히 체득한다면, 수백만 개의 GPU보다 나은 통찰과 실행의 용기를 얻게 될 것입니다.

정지택(베인 & 컴퍼니, 대표 파트너)

기업 경영상 불확실성이 계속 높아짐에 따라 리더의 역할은 더욱 중요해지고 있다.

손정의 회장의 '아주 특별한 경영 수업'은 바람직한 리더의 역할에 대한 손 회장만의 명확한 견해를 제시하고 있다.

즉, 리더의 가장 중요한 역할을 '올바른 의사결정을 내리는 것'으로 정의하고, 이러한 의사결정 역량을 높이는 기준과 방법으로 '손의 제곱의 병법'을 제안한 점이 눈길을 끈다. 무엇보다 30개 사례를 통해 자신의 실제 의사결정 경험과 이에 바탕이 되었던 통찰을 제공하면서, 동시에 이를 차세대 리더의 교육 및 선정 기준으로 적용했다는 점이 매우 인상적이다. 금번에 국내 번역본이 출간됨을 매우 기쁘게 생각하면서, 기업 리더십에 대한 새로운 시각과 통찰을 보여주는 훌륭한 지침서로서 적극 추천한다.

조상욱(MHS 대표이사, 전 EY한영회계법인 부대표)

추천사 요청을 받으면서 손정의 회장과 같은 걸출한 인물을 알게 되는 좋은 배움의 기회가 되었습니다. 이 책은 손 회장의 경영을 개념적으로 이해하는 것이 아니라 동양 고전과 현대의 지혜가 담겨있는 25자 전략과 30개 질문으로 손 회장 경영비법의 Framework와 방법론을 매뉴얼로 배우듯이 따라가게 해서 본인의 경영능력으로 터득하실 수 있는 방법을 제공할 것입니다.

최재붕(성균관대 교수, 자연과학캠퍼스 부총장 겸 산학협력단장)

손정의는 디지털 트랜스포메이션 시대의 신화같은 존재다. 27세 청년인 제리 양과 식사하던 중 마음에 든다고 '야후'에 1억 5천만 달러를 투자했던 일, 달랑 직원 20명 규모였던 알리바바의 마윈이 PT 한번 하자, 그 자리에서 2000만 달러를 투자했던 일은 닷컴 시대의 신화로 남아 있다. 어디 그뿐인가! 우리나라 쿠팡이 어려움을 겪을 때마다 조 단위 투자를 아끼지 않더니 결국 쿠팡을 대한민국 대표 유통, 60조 가치의 회사로 키워냈다. 그의 행보는 AI시대에도 거침이 없다. 트럼프 취임 이후 첫 브리핑에서 700조 원짜리 AI프로젝트 '스타게이트'를 발표할 때 오픈AI, 오라클과 함께 소프트뱅크를 끼워넣고는 당당히 트럼프 옆에 섰다. 그의 탁월한 선택을 보면 미래에서 온 시간여행자 아닐까?하는 생각이

든다. 이 책은 그런 그의 경영 철학을 내밀하게 담아낸 요약서다. 더구나 역자는 우리나라 이마트24 대표이사를 역임했던 전문 경영인이라 경영자로서의 고민과 내면의 생각까지 잘 풀어 소화하기 좋게 정리했다. 디지털시대를 넘어 AI혁명의 시대까지 예측했던 시간여행자 손정의의 비법이 궁금한 모든 이들에게 강추한다.

김성하(Oracle Korea 사장)

  손정의 회장은 시대를 앞서 읽는 통찰력과 강한 신념으로 정보혁명의 최전선에서 끊임없이 도전해 온, 진정한 기업가 정신의 상징입니다. 이 책은 그의 경영 철학과 리더십의 핵심을 압축한 결정판이라 할 수 있습니다.
  실제 경영환경은 복잡하고 예측 불가능합니다. 이럴 때 필요한 것은 원칙과 기준입니다.
  손정의 회장이 제시하는 '제곱의 병법'과 '의사결정 30문답'은 단순한 이론이 아니라, 위기 속에서 수많은 선택을 해온 그의 치열한 실전 경험에서 비롯된 것입니다.
  AI와 디지털 전환의 물결 속에서 기업과 리더는 새로운 성장의 길을 모색해야 합니다. 이 책은 그 여정에 나온 모든 리더들에게 탁월한 나침반이 되어 줄 것입니다.

한동훈(삼성글로벌리서치 고문, 전 삼성글로벌 차이나 원장/부사장)

이 책에 소개된 손정의의 강연에는 투혼을 불사르며 전쟁과도 같은 극한의 승부를 반복해 온 그의 사업·경영 지침이 망라되어 있다. 고대 중국·일본의 전쟁사로부터 추출한 지혜에서 출발하여 글로벌 첨단 비즈니스 경험을 녹여 만든 그의 가이드라인은 기업인을 포함 각계각층 인사들에게 훌륭한 인생·업무 체크리스트가 되어 줄 것이다.

머리말

이 책은 손정의가 『소프트뱅크 아카데미아』 설립을 기념하여 2회에 걸쳐 직접 강의한 「의사결정 비법」과 「손의 제곱의 병법」을 기초로 하여 편집한 것이다.

소프트뱅크 아카데미아는 손정의가 자신의 후계자를 양성하기 위하여 소프트뱅크 그룹 내외부에서 수강자를 모집하여 개교한 학교다.

본 강의는 동영상 사이트 「USTREAM」으로도 생중계되었으며, 수만 명이 동시에 접속하여 손정의의 경영 전략 및 이념을 들으며 토론에 참가하였다.

이 책의 제1부는 2010년 9월 28일에 이루어진 「의사결정 비법」에 대한 강의 내용으로 일부 보완 및 편집을 통하여 재구성한 것이다. 손정의가 직접 만든 30개 질문 대부분은 구체적인 상황 설명이 없다.

수강생은 제시된 두 개의 선택지에서 직감적으로 자신의 의사를 결정하도록 되어 있다. 이는 현실 비즈니스 세계에서 어떤 커다란 의사결정을 할 때, 한 치의 망설임 없이 바로 의사를 결정 해야 하는 실제 상황을 염두에 둔 것이다.

물론 의사결정에 유일한 정답은 없다. 그가 뽑은 30개의 질문에 대해 손정의 회장이 어떤 의사결정을 내리는가?에 대한 케이스 스터디가 제시되어 있을 뿐이다.

손정의가 제시한 사례와 의사결정의 기준이 되는 이념과 전략을 기초로 하여 수강생 또는 이 책을 읽는 독자 한 사람 한 사람이 향후 각자 체험을 쌓아 나가면서 자신만의 정답을 만들어 가야 한다는 것이 이 강의의 목표이다.

제2부는 손정의가 기회가 날 때마다 강조해 온 「손의 제곱의 병법」에 대한 내용이다. 이 강의는 의사결정 비법을 강의하기 2개월 전인 소프트뱅크 아카데미아 개교 첫 강의로 이루어졌다. 「손의 제곱의 병법」이 이념과 전략에 대한 개념이라면 「의사결정의 비법」은 이를 실현하기 위한 적용 방법이라고 할 수 있다.

그러나 이 책의 구성은 선입견 없이 먼저 자신이 의사결정을 하고 나서 병법을 찬찬히 읽으면서 자신의 의사결정 프로세스를 확인해 볼 수 있도록 강의 순서와 반대로 구성하였다.

그것은 실제 비즈니스 세계에서는 현장의 다양한 경험을 통하여 자신의 논리를 지속적으로 보완해 나갈 필요가 있기 때문이다.

또한 제1부 「리더를 위한 의사결정 비법」에는 30개의 질문에 대한 손정의가 생각하는 키워드로서 「손의 제곱의 병법」에서 제시한 25개의 문자 가운데 질문과 관련성이 깊은 한 글자를 별도로 표시하고 있다. 병법을 어떻게 현실 속에서 무기로 사용해 나갈 것인가에 대한 하나의 참고로 활용해 주기 바란다.

진정한 리더란 어떤 존재인가? 경영 이념이란 무엇인가? 그 답을 찾아 함께 여행을 시작해 보자.

역자 서문

소프트뱅크는 NTT 도코모, 토요타에 이어 일본 역사상 세 번째로 영업이익 1조 엔을 달성한 기업이다. 창업 후 33년만에 이룬 성과이다.

손정의가 미국 유학시절 때인 19살에 세운 인생 50년 계획은 다음과 같다.

20대에는 업계에 이름을 알린다.
30대에는 사업 자금을 모은다.
40대에는 커다란 사업에 승부를 건다.
50대에는 사업을 완성한다.
60대에는 다음 세대에 사업을 물려준다.

그리고 그는 지금까지 인생 50년 계획에 맞추어 사업을 해 오고 있으며, 많은 우여곡절에도 불구하고 대부분 당초 계획보다 조기에 목표를 달성하였다.

이 강의는 손정의가 53세 때인 2010년 7월에 이루어졌다. 그는

60대에는 다음 세대에 사업을 물려주겠다고 공언해 왔다. 그리고 그 첫 실천이 바로 이 강의이다.

어떻게 자신의 후계자를 양성하는 것이 좋을까? 오랜 기간 고심한 결과가 소프트뱅크 아카데미아라면, 미래 자신의 후계자가 될 사람들에게 첫 메시지로 무엇을 이야기해 주어야 할까? 고민한 것이 본서의 내용인 「손의 제곱의 병법」과 「리더를 위한 의사결정 비법」이다.

소프트뱅크 아카데미아는 개교 이래 매년 후보자를 선발하여 교육을 하고 있다. 당초 그룹 내에서 270명, 외부에서 30명을 선발하여 평가를 통해 하위 10% 인원을 탈락시키고, 매년 새로운 후보자를 채우는 방식으로 운영하도록 프로그램이 짜여져 있으며 지금도 최종 후계자를 선택하기 위한 작업은 진행 중에 있다.

손정의는 자신의 후계자들에게 무슨 말을 가장 해 주고 싶었던 것일까?

그 첫번째 메시지는 그가 사업성공을 위해 혼신을 기울여 만들었고 지금도 다듬어 가고 있는 「손의 제곱의 병법」이다. 이것은 사업 초기인 26, 7세 때에 질병으로 병원에 입원해 있는 동안 어떻게 하면 절대적으로 사업에 성공할 수 있을까?를 고민한 끝에 만들어낸 그만의 사업 성공 방정식이다.

「손의 제곱의 병법」은 3,000여 권의 책을 읽고 만들어진 25자로 구성된 키워드이다. 그는 특히 일본의 역사적인 영웅들과 중국의 손자병법에서 많은 영감을 얻었다고 하는데, 손자병법의 저자인 손자와 자신의 성씨가 같은 손이라는 점에 착안하여 손의 제곱의 병법이라고 명명하였다고 한다.

그는 왜 자신의 후계자들에게 주는 첫 번째 메시지로 이것을 선택하였을까?

그는 평상시 "이 25개 글자를 나 자신은 한시도 잊은 적이 없다. 새로운 사업을 할 때, 중장기 비전이나 전략을 세울 때, 시련에 맞닥뜨렸을 때, 스스로의 생각이 이 25가지의 성공요소, 승리하는 패턴에 이르기 위한 요소와 매치되어 있는지를 수십 번에 걸쳐 자문자답하면서 지금까지 새로운 것에 도전해 왔다"라고 스스로 이야기하고 있다.

그가 '손의 제곱의 병법'을 첫 번째 강의 테마로 선택한 것은 이 25개 글자 속에는 그의 경영철학과 소프트뱅크의 역사와 혼이 모두 담겨져 있기 때문이다. 성공의 비밀이 숨겨져 있기 때문이다. 그가 후계자에게 물려줄 유일한 유산인 것이다.

손의 제곱의 병법은 손자병법에서 중요하다고 생각되는 14개 글자와 손정의가 스스로 생각해낸 11개 글자를 합친 25개 글자로 구성되어 있다. 각 5개 글자씩을 묶어 이념, 비전, 전략, 마음가짐, 전술을 달성하기 위한 키워드로 활용하고 있다.

이념은 손자의 시계(始計)편인 도천지장법(道天地將法)을 나타낸다. 즉 뜻을 세우고, 천시를 얻고, 지리를 얻은 다음 우수한 장수를 모아 승리하는 체제를 구축해야 한다는 의미를 담고 있다.

비전과 전략은 손정의가 스스로 만들어낸 10개 글자로 이는 손정의 경영철학의 핵심이다.

비전에 해당하는 정정략칠투(頂情略七鬪)란 명확한 비전을 세우고 최대한 정보를 모은 다음 온 힘을 다해 승리할 전략을 세우고, 70% 승산이 있는지를 판단하고 승산이 있다면 과감하게 승부를 건다는 의미이다.

전략에 해당하는 일류공수군(一流攻守群)이란 철저하게 1등할 사업에만 집중하고, 시대의 흐름을 간파하여 다양한 공략방안을 습득하고, 모든 리스크에 대비하면서 연합군을 형성하여 싸운다는 의미이다.

위에서 언급한 것이 싸움을 위한 전략이라면 다음의 10개 글자는 잘 싸우기 위한 리더의 마음가짐과 진정한 승리를 얻는 전술에 관한 것이다.

리더의 마음가짐에 해당하는 지신인용엄(智信仁勇嚴)이란 손자 시계편에 나오는 말로 무릇 리더는 누구와 견주어도 뒤지지 않는 높은 지적 능력을 갖추어야 하며 신망을 얻어야 하고, 사람들의 행복을 위해 일해야 하며 싸우는 용기와 함께 퇴각하는 용기를 겸비해야 한다. 그리고 아끼는 부하에 대해서도 때로는 엄격해야 한다는 의미를 담고 있다.

마지막으로 전술에 해당하는 풍림화산해(風林火山海)는 손자의 군쟁편의 주요 글자인 풍림화산과 손정의 자신이 생각한 해(海)로 구성되어 있다. 즉, 승리를 위해서는 움직일 때는 바람처럼 해야 하며 중요한 일은 귀신도 모르게 해야 하고 공격은 불처럼 맹렬하게 해야 하며 어떠한 위기 상황에서도 흔들림이 없어야 하며 싸움이 끝난 뒤에는 상대를 포용해야 비로소 싸움이 완결된다는 뜻이다.

손정의에게 이 25개 글자야말로 그의 경영철학의 핵심이며 경영원칙이며 나아가 후계자를 양성하는 바이블이기 때문에 그 첫 메시지로「손의 제곱의 병법」을 택한 것은 당연한 선택이었다.

손정의가 자신의 후계자들에게 두 번째로 해주고 싶은 이야기는 무엇이었을까?

그가 선택한 메시지는「리더의 의사결정 비법」이었다.

실제 이 책에서는 앞서 이야기한 '손의 제곱의 병법'에 대해서는 비교적 그 배경과 실천 방안에 대해 자세하게 설명한 반면, 리더에게 있어 의사결정이 왜 그토록 중요한지에 대한 구체적인 설명 없이 손정의가 직접 고른 30가지 의사결정에 대한 질문과 그에 대해 손정의의 결정과 실제 경영사례 및 배경만 나와 있다.

하지만 당시의 실제 강의 내용을 들어 보면 리더에게 있어서 의사결정이 얼마나 중요한지에 대해 자세하게 설명을 하고 있다. 그 내용을 요약하면 다음과 같다.

- 모든 직원이 전력을 다해 열심히 일하지만 리더가 내리는 최종 결정이 결과에 크게 영향을 미친다. 따라서 회사의 리더, 정부의 리더, 학교의 리더, 모든 스포츠 팀의 리더에게 의사결정을 잘못 내리지 않도록 하는 것은 매우 중요하다.
- 의사결정에 정답은 없다. 하지만 의사결정은 결단을 내리는 일로서 리더는 결단을 내려야 한다. 결단이란 '결정을 내리고 다른 선택지를 과감하게 끊어 내는 일'이다. 즉 양자택일을 하는 일이다. 결단력은 리더에게 요구되는 중요한 자질이다.

- 우물쭈물하면서 언제까지나 논의만 하고 결단을 내리지 못하다가 내리는 '너무 늦은 결단'은 '결단을 내리지 않음'과 같다. 너무 늦은 결단은 결국 최악의 결과가 되는 경우가 많다.
- 따라서 조직의 수장으로서 회사의 대표로서 사장이 결단을 내리고 다른 선택지를 끊어내는 결단의 마음자세가 중요하다.
- 한 발 잘못 딛게 되면 조직이 붕괴되고 회사가 도산하며, 대중의 지지, 직원들의 마음이 떠나고 고객의 마음이 떠나 결국 회사가 망할 수도 있다. 결단은 그만큼 리스크를 수반하기 때문에 리더에게 의사결정은 무엇보다 중요하다. 따라서 의사결정은 리더의 중요한 성공요인이라고 할 수 있다.
- 소프트뱅크 30년간의 여정은 결코 평탄한 길만은 아니었다. 매우 어려운 결단을 수차례 내려야 했던 여정이었다.
- 그런 의미에서 추상적인 이야기보다는 리더가 직면할 수 있는 30가지 의사결정 항목에 대해 실제로 소프트뱅크에서 있었던 사례를 살펴봄으로써 의사결정의 과정과 함께 회사 발전의 역사를 돌아보고자 한다.
- 이런 과정을 통해 앞으로 여러분이 사장이 되었을 때 비슷한 상황 혹은 유사한 결단을 내려야 할 때 참고가 될 것이라고 생각한다.

손정의가 자신의 후계자로 지정할 리더의 요건은 이미 정해져 있는 것 같다. 그가 말한 대로 앞으로 300년 지속될 기업을 만들기 위해서는 리더는 어떤 상황에서도 완벽한 의사결정을 내릴 수 있는 능력이 있어야 한다.

그런 리더가 되기 위해서는 먼저 자신의 분신과도 같은 '손의 제곱의 병법'을 정확히 이해하고, 직접 현장에서 적용하면서 몸으로 익혀야 한다. 그런 과정을 통해 자신만의 병법을 완성시킨 사람이어야 한다.

따라서 손정의는 단순히 '손의 제곱의 병법'을 설명하는 데 그치지 않고, 자신이 직접 현장에서 겪은 수많은 의사결정의 실제 사례를 소개함으로써 미래 후계자들이 앞으로 가야할 길을 미리 보여주려고 한 것이다.

어쩌면 소프트뱅크 아카데미아 개교식에서 그가 후계자들에게 전해줄 메시지는 이미 오래전부터 정해져 있었다고 볼 수 있다. 즉 '손의 제곱의 병법'과 '리더의 의사결정 비법'은 분리될 수 없는 메시지였다.

손정의의 모든 사업 발상, 중요한 의사결정의 출발과 종착점은 25개 글자이다.

이 강연을 통해 손정의는 그의 후계자들도 그가 구축한 성공 방정식을 더욱 정밀하게 다듬어 새로운 길을 개척해야 한다고 주문하고 있다.

그의 말을 빌자면 "내가 무슨 일을 하든 이 25개 글자에 이르게 된다면 진정한 리더가 될 수 있을 것이다. 진정한 통치자가 될 수 있다라고 아직도 마음속으로 생각하고 있다. 따라서 이 25글자를 몸에 익히는 일이 결코 쉬운 일이 아니라고 생각한다.

나 자신도 아직 완벽한 수준에 도달했다고 생각하지 않는다. 여전히 만족하고 있지 않다. 아직 도중에 있다고 생각한다. 앞으로 여러분은 이 25개 글자의 병법을 지금부터 다양한 상황 속에서,

현장에서 그 응용편을 만들어 나가길 바란다"고 수차례 이야기하고 있다.

그런 의미에서 이 책은 손정의의 경영철학과 소프트뱅크 성공의 역사를 이해하는 데 유용하다. 기업에 근무하는 사람들은 물론 자신만의 사업을 하는 사람이나 커다란 비전을 가지고 자신의 꿈을 실현하고자 하는 젊은 사람들에게도 충분히 참고할 가치가 있다.

그가 말한 것처럼 중요한 것은 무엇을 하든 정답은 없다는 것이다. 또한 상황에 따라 정답은 달라진다는 것이다. 마찬가지로 이 책에서 소개하는 '손의 제곱의 병법'이든 '리더의 의사결정 비법'이든 그것은 하나의 예시이며 '그것이 맞다, 틀리다'라는 개념에 빠지지 말고, 그 예시를 참고로 자신만의 정답을 만들어 나가기를 권한다.

손정의가 한시도 잊은 적이 없다고 하는 '손의 제곱의 병법'이 만들어진 지 40여 년이 지났다. 하지만 그에게 있어서 의사결정기준은 하나다.

로봇 사업을 하든 오픈AI 사업을 하든 자신의 의사결정이 '손의 제곱의 병법'에 합치되는가이다. 그는 지금까지 제곱의 병법의 글자 배열을 바꾼 것 외에는 25개 글자를 한 글자도 바꾼 적이 없다. 환경은 바뀌어도 그가 사업을 보는 안목은 변함이 없다.

그는 여전히 어떻게 하면 25개 글자에 완벽하게 합치되는 경영을 할까? 어떻게 하면 25글자에 입각한 완벽한 의사결정을 할 수 있을까에 대해 늘 고민하고 있다. 그리고 이제는 자신이 직접 소프트뱅크 아카데미아의 교장이 되어 자신을 넘어서는 후계자를 양성하려고 하고 있다.

이 책의 원본은 리더의 '의사결정 비법'을 먼저 읽고 '손의 제곱의 병법'을 읽도록 구성되어 있다. 하지만 일반 독자의 이해와 편의를 위해 손정의가 당초 강의한 순서대로 먼저 그의 사상의 기초인 '손의 제곱의 병법'을 이해하고 나서 그 병법을 적용하여 의사를 결정한 사례인 '리더의 의사결정 비법'을 읽도록 구성을 바꾸었다.

모쪼록 손정의가 자신의 후계자들을 위해 특별히 기획한 귀중한 강의 자료를 여러분들도 그의 후계자라고 생각하고 행간의 의미를 충분히 이해하여 자신만의 사업 성공 방정식을 만들어 나가는 데 큰 보탬이 되기를 바란다.

「손의 제곱의 병법」

이념	도(道) 세상을 움직일 뜻을 세운다	천(天) 절호의 타이밍을 기다린다	지(地) 지리적 이점을 활용한다	장(將) 우수한 인재를 모은다	법(法) 지속적으로 승리하는 체제를 만든다
비전	정(頂) 선명한 비전을 세운다	정(情) 모든 정보를 샅샅이 모은다	략(略) 온 힘을 다해 최적의 전략을 세운다	칠(七) 70%의 승산이 있는지 판단한다	투(鬪) 승산이 있으면 전력을 다해 성취한다
전략	일(一) 철저하게 1등만을 지향한다	류(流) 시대흐름을 정확히 읽고 즉시 대응한다	공(攻) 다양한 공격력을 습득한다	수(守) 모든 리스크 준비 태세를 갖춘다	군(群) 단독이 아닌 집단 대응력을 갖춘다
마음 가짐	지(智) 다양한 전문지식을 갖춰야 한다	신(信) 주위의 신망을 얻어야 한다	인(仁) 사람들의 행복을 위해서 일해야 한다	용(勇) 퇴각할 줄 아는 용기를 지녀야 한다	엄(嚴) 때에 따라 부하에게 엄격해야 한다
전술	풍(風) 움직일 때는 바람처럼 빠르게 한다	림(林) 중요한 협상은 은밀하게 움직여야 한다	화(火) 공격할 때는 불처럼 맹렬하게 한다	산(山) 위기 시에는 산처럼 굳건해야 한다	해(海) 싸움 후에는 바다처럼 모두 포용한다

☐ 손정의의 창작   ☐ '손자' 시계 편에서   ☐ '손자' 군쟁 편에서

차례

추천사   5

머리말   15

역자 서문   18

제1부 손의 제곱의 병법   37

2500년의 시공간을 초월한 합작   39

1. 道 · 天 · 地 · 將 · 法
   - 전쟁에서 이기기 위한 조건이란?   44

【도 道】   44
"이념, 뜻이 없는 곳에 행동도 없다."

【천 天】　　　　　　　　　　　　　　　　　　　45

"스스로에게 주어진 「때」를 잘 활용해야 한다."

【지 地】　　　　　　　　　　　　　　　　　　　47

"「천(天)」이 우리의 「지(地)」에 있는 시대에 있다."

【장 將】　　　　　　　　　　　　　　　　　　　49

"「장(將)」을 얻지 않고는 「대장(大將)」이 될 수 없다."

【법 法】　　　　　　　　　　　　　　　　　　　50

"계속하는 것은 힘(力)이고, 지속시키는 것은 「법(法)」이다."

2. 頂・情・略・七・鬪
– 리더가 지녀야 할 지(智)란?　　　　　　53

【정 頂】　　　　　　　　　　　　　　　　　　　53

"먼저, 내가 올라가야 할 산을 정하라."

【정 情】　　　　　　　　　　　　　　　　　　　55

"「정(頂)」을 뒷받침할 정보를 철저하게 수집하라."

【략 略】　　　　　　　　　　　　　　　　　　　58

"엄선된 「략(略)」만이 「정(頂)」을 실현시킨다."

【칠 七】　　　　　　　　　　　　　　　　　　　59

"리더란 「삼(三)」의 퇴각전을 할 수 있는 용기가 있어야 「칠(七)」의 승리를 거둘 수 있다."

【투 鬪】　　　　　　　　　　　　　　　　　　　　　64
"어떻게 하든 비전을 현실화시키라."

3. 一 · 流 · 攻 · 守 · 群
– 1인자가 되고자 하는 사람의 싸움법　　　67

【일 一】　　　　　　　　　　　　　　　　　　　　　67
"넘버원만이 할 수 있는 역할이 있다."

【류 流】　　　　　　　　　　　　　　　　　　　　　72
"주류(主流)가 될 수 없는 방류(傍流)를 선택한 사람에게 승리는 없다."

【공 攻】　　　　　　　　　　　　　　　　　　　　　77
"모든 분야에 있어 공격력을 갖추라."

【수 守】　　　　　　　　　　　　　　　　　　　　　79
"항상「금(金:자금)」과「정의(正義)」가 준비되어 있어야 더 많은 공격이 가능하다."

【군 群】　　　　　　　　　　　　　　　　　　　　　82
"300년 후까지 높은 뜻을 추구하는 기업이 되기 위해서는 동지적 결합, 전략적 시너지를 가진 기업 집단을 만들어야 한다."

4. 智·信·仁·勇·嚴
– 리더의 마음 가짐 84

【지 智】 84
"리더라면 전문가와 논쟁할 정도의 사고력을 길러야 한다."

【신 信】 86
"리더에게는 모든 사람들이 믿고 따를 만한 신의가 있어야 한다."

【인 仁】 87
"리더에게는 모든 사람을 아끼는 마음이 있어야 한다."

【용 勇】 88
"리더에게는「물러설 각오」를 할 수 있는 용기가 있어야 한다."

【엄 嚴】 90
"리더는 경우에 따라 애정을 지닌 악마가 될 수 있어야 한다."

5. 風·林·火·山·海
– 싸움의 기술 92

【풍 風】【림 林】【화 火】【산 山】 92
"전쟁의 정석, 전략의 왕도."

【해 海】 93
"싸움의 진정한 목적은 평화에 있다."

제2부 리더를 위한 의사결정 비법　　　　　97

《 질문 1 》　　　　　　　　　　　　　　　　　　　99
- 업계 넘버원인 메이커와 독점 판매 계약을 체결하기 위해서는 자기 자본금의 몇 배에 해당하는 거액의 자금이 요구된다. 어떻게 할 것인가?

《 질문 2 》　　　　　　　　　　　　　　　　　　　104
- 갑자기 큰 병으로 쓰러졌다. 요양에 전념하지 않으면 목숨을 보장할 수 없다. 어떻게 대응하는 것이 좋은가? 어떻게 할 것인가?

《 질문 3 》　　　　　　　　　　　　　　　　　　　109
- 두 개의 주력 사업 중 하나가 대규모 적자. 적자 사업을 어떻게 할 것인가?

《 질문 4 》　　　　　　　　　　　　　　　　　　　114
- 신뢰하고 있던 부하 사원이 배반하고 경쟁사로 가려고 한다. 어느 쪽을 선택할 것인가?

《 질문 5 》　　　　　　　　　　　　　　　　　　　119
- 자사의 기존 사업과 경합되는 분야에 새롭게 진출할 것인가?

《 질문 6 》　　　　　　　　　　　　　　　　　　　124
- 전략적 파트너와의 합작 사업이 부진하여 철수하기로 결정하였다. 각자의 손실 분담을 어떻게 처리하는 것이 좋은가?

《 질문 7 》　　　　　　　　　　　　　　　　　　　128
- 적자 회사가 있다. 창업한 지 반년이 되었고 사원은 10여 명. 여기에 100억 엔을 투자할 것인가?

《 질문 8 》   134
- 해외의 강력한 라이벌이 국내에 진출하려고 한다.
   어떻게 대응할 것인가?

《 질문 9 》   137
- 거액을 투자하여 인수한 기업이 위기 상황에 빠졌다.
   어떻게 대응할 것인가?

《 질문 10 》   142
- 합작 사업이 부진에 빠졌다. 계속 사업을 할 것인가?

《 질문 11 》   147
- 자금 부족 사태가 발생했다. 어떻게 해결할 것인가?

《 질문 12 》   150
- IT 버블이 붕괴되었다. 사업을 계속할 것인가?

《 질문 13 》   155
- 미지의 신규 분야에 투자를 해야 한다. 투자를 할 것인가?

《 질문 14 》   158
- 막 시작한 사업이 거액의 적자로 위기 상황이다.
   사업을 계속할 것인가?

《 질문 15 》   165
- 갑작스럽게 불상사가 발생했다. 가장 우선시할 일은 무엇인가?

《 질문 16 》   170
- 막 시작한 사업에서 막대한 적자를 내고 있다. 추가로 인원을
   보충할 것인가?

《 질문 17 》   173
- 프로 스포츠 구단을 소유할 것인가?

《 질문 18 》   178
- 해외 진출, 어떤 방식으로 하는 것이 좋은가?

《 질문 19 》   182
- 불공평한 규제를 따라야 할 것인가?

《 질문 20 》   187
- 이익이 계속 줄고 있는 타사의 사업이 있다. 현재의 이익을 유지할 수 있다면 수익성은 있다. 이 사업을 인수해야 할 것인가?

《 질문 21 》   192
- 막대한 부채를 동반하는 신규 사업이 있다. 어떻게 할 것인가?

《 질문 22 》   197
- 대규모 기업 인수를 해야 한다. 어떤 방식으로 하는 것이 좋은가?

《 질문 23 》   201
- 인수기업의 통합작업은 어떤 방식으로 하는 것이 좋은가?

《 질문 24 》   206
- 구조조정은 반드시 해야만 하는가?

《 질문 25 》   209
- 치열한 가격 경쟁을 해야만 하는가?

《 질문 26 》   213
- 전략적 파트너는 어떻게 선택하는 것이 좋은가?

《 질문 27 》   217
- 관공서에서 낙하산 인사 요청이 있다. 어떻게 대응해야 하나?

《 질문 28 》   221
• 30년 후 시가 총액 200조 엔 회사를 만든다는 목표를 대외에
  발표할 것인가?

《 질문 29 》   226
• 후계자는 어떻게 선택하고 육성하는 것이 좋은가?

《 질문 30 》   229
• 후계자는 창업자의 철학을 계승해야만 하는가?

후기   **233**

역자 후기   **236**

제 1 부

손의
제곱의
병법

2500년의 시공간을 초월한 합작

지금부터 설명하려고 하는 것은 「손의 제곱의 병법」에 관한 것이다.
이 손의 제곱의 병법은 두가지 전략론을 기초로 하여 내가 20대 무렵에 고안한 것이다.
그 중 하나는 기원전 500년경 중국에서 쓰여진 병법서 「손자」이다.
다른 하나는 20세기 전반 영국의 수학자이자 엔지니어인 프레드릭 란체스터에 의해 고안된 전략론인 「란체스터 법칙」이다.
란체스터 법칙은 극히 일부를 참고하였지만, 2,500년 전의 손자와 20세기의 란체스터, 그리고 내가 시공간을 넘어 합작을 한 것이다. 「제곱」이라고 한 것은 「손자의 병법」과 「손정의의 경영전략」을 단순히 더한 것이 아니라, 곱하였다는 의미이다. 「손의 제곱의 병법」 그 첫 페이지가 바로 아래의 표이다. 이 25개의 글자 속에 나의 기업 경영의 모든 병법이 담겨 있다.

이념	도(道)	천(天)	지(地)	장(將)	법(法)
비전	정(頂)	정(情)	략(略)	칠(七)	투(鬪)
전략	일(一)	류(流)	공(攻)	수(守)	군(群)
마음가짐	지(智)	신(信)	인(仁)	용(勇)	엄(嚴)
전술	풍(風)	림(林)	화(火)	산(山)	해(海)

표1. 「손의 제곱의 병법」 25개 글자 문자판

　내가 소프트뱅크 아카데미아의 교장으로서 여러분에게 전수할 내용이 바로 이 25개 글자에 담긴 의미이다. 여러분이 앞으로 20년, 30년에 걸쳐 배우고 익힌 뒤 마지막으로 어디에 당도할 것인가? 나는 바로 이 한 페이지라고 생각한다.

　이 표는 내가 26, 7세 때 질병으로 병원에 입원했을 때 만든 것이다. 소프트뱅크가 대기업이 된 뒤에 이론적으로 성공 비결을 정리한 것이 아니다. 여기에 앉아 있는 여러분의 나이 때 진지하게 고민해서 내 나름대로 성공을 하기 위해 반드시 필요한 25가지 요소를 정하였다. 나 자신은 아직 이것을 완성했다고는 생각하지 않는다.

　사실은 이 25개 글자를 어제저녁에 버전을 업그레이드했다. 그 순서를 조금 바꾸었다. 앞으로도 수시로 버전을 업그레이드해 나갈 생각이다. 「제곱의 병법」은 나에게 있어서 영원한 테마이다. 한두 시간 안에 여기에 적혀 있는 25개 글자를 익히고 그 의미를 통째로 암기해 봐야, 그것은 글자를 이해한 것에 지나지 않는다고 생각한다. 진정한 이해란 이 25개 글자를 마음에 새기고 현실 속에서 여러 가지 시련을 극복하는 가운데 노하우를 익혀 나가는 것이며, 그러면서 자신만의 성공 비결을 습득하는 일이다. 그렇게 해야만 비로소 이 문자판이 여러분의 것이 되리라고 생각한다.

이 25개 글자를 나 자신은 한시도 잊은 적이 없다. 새로운 사업을 할 때, 중장기 비전이나 전략을 세울 때, 시련에 맞닥뜨렸을 때, 스스로의 생각이 이 25가지의 성공요소, 승리하는 패턴에 이르기 위한 요소와 매치되어 있는지를 수십 번에 걸쳐 자문자답하면서 지금까지 새로운 것에 도전해 왔다.

문자판 중에 「손자」에 원래 있던 것은 도천지장법(道天地將法), 지신인용엄(智信仁勇嚴), 풍림화산(風林火山). 이 14개 글자이다. 나머지 11개 글자는 내가 스스로 고안해 낸 것이다.

나는 「손자」에 대한 여러 해설서를 30권 이상 읽었다. 여러 가지 다양한 해설 가운데, 그 중에서 내가 생각하기에 중요한 요소라고 생각되는 것을 발췌하고, 또한 내 나름대로 중요하다고 생각되는 것을 추가하였다. 어젯밤 바꾸기 이전의 원래 문자판 배열은 아래와 같았다.

일(一)	류(流)	공(攻)	수(守)	군(群)
도(道)	천(天)	지(地)	장(將)	법(法)
정(頂)	정(情)	략(略)	칠(七)	투(鬪)
지(智)	신(信)	인(仁)	용(勇)	엄(嚴)
풍(風)	림(林)	화(火)	산(山)	해(海)

표2. 원래 문자판

왜 순서를 바꾸었는가? 그 답은 아래 피라미드 때문이다.

이 념
비 전
전 략
장수의 마음가짐
전 술

즉, 사물에는 우선순위가 있다. 단순히 균등하게 생각해서는 안 된다. 항상 중요한 것부터 생각해야 한다.

의사결정을 위한 시간은 정해져 있다. 예를 들어 협상을 할 때는 순간적으로 판단을 하지 않으면 안 된다. 따라서 한정된 시간 안에 25개 글자를 모두 조합해서 어떤 결정을 하는 것은 사실상 불가능하다. 그럴 때는 중요한 것부터 머릿속에서 체크하고 그 자리에서 결정을 내려야 한다. 그렇게 하기 위해서는 평상시에 그런 사고방식이 몸에 배어 있어야 한다.

지난번 소프트뱅크 그룹의 「신 30년 비전」을 발표하였다. 그때 가장 윗줄에 배치한 것이 「이념」이었다. 두 번째가 비전, 그리고 세 번째가 전략이었다.

문자판의 가장 윗줄에는 「道·天·地·將·法」이 있다. (표1) 이 도(道)라고 하는 글자는 무엇을 의미하는가? 이념, 뜻이다. 즉, 이 줄은 가장 중요한 「이념」에 관한 키워드를 나타낸다.

두 번째 줄의 정(頂)은 비전을 의미한다.

세 번째 줄이 전략, 네 번째 줄은 장수의 마음가짐을 의미한다.

여러분들은 나의 후계자 즉, 앞으로 장수가 될 사람들이므로 장수다운 마음가짐이 요구된다.

다섯 번째 줄은 전술에 해당되는 항목이다.

「風·林·火·山」은 다케다 신겐이 「손자」를 읽고 가장 중요한 단어라고 이야기하면서 유명해진 네 글자인데, 내 생각으로는 그것은 하나의 전술에 지나지 않는다고 생각한다. 하지만 싸움을 하는 데 있어서 전술은 매우 중요하기 때문에 「風·林·火·山」에 「海」를 추가한 것을 문자판의 제일 마지막 줄에 배치하였다.

이 25개 글자에 대해 나 자신은 모든 글자의 의미와 그 중요성에 대해 뼈에 사무칠 정도로 지금도 체득하고 있다. 내 후계자가 될 여러분들은 이 25개 글자 모두에 대해 몸에 완전히 스며들 때까지 익혀 주었으면 한다.

일부러 생각해 내려고 하지 않더라도 의사결정을 함에 있어 순간적으로 머리에 그 이미지가 떠오를 수 있도록 해야 한다.

1. 道·天·地·將·法
   − 전쟁에서 이기기 위한 조건이란?

【도 道】
"이념, 뜻이 없는 곳에 행동도 없다."

우선 첫 번째 줄의 「道 · 天 · 地 · 將 · 法」에 대해 알아보자.
이것은 이념, 뜻이며 「손자」에 의하면 전쟁에서 이기기 위한 조건이다.
첫 글자인 도(道). 소프트뱅크에서 도(道)라고 하는 글자가 의미하는 것이 여러분은 무엇이라고 생각하는가?

"디지털 혁명으로 사람들을 행복하게 하는 것이라고 생각한다."

대단하다. 정답이다. 정확히 우리가 추구하는 도(道)의 의미를 잘 파악하고 있다. 이 도(道)는 '정보혁명으로 사람들을 행복하게 만들겠다'는 뜻이다.

이것에 대해서는 「신 30년 비전」 발표회에서 수도 없이 이야기 한 바가 있어 자세한 설명은 생략하겠다.

【천 天】
"스스로에게 주어진 「때」를 잘 활용해야 한다."

이 「천(天)」이라는 글자는 우리 소프트뱅크 그룹에 있어 무엇을 의미할까? 지금까지 소프트뱅크 창사 이래 또는 앞으로 미래에 있어서 무엇을 의미한다고 생각하는가?

"고객이라고 생각한다."
"세계 제일의 그룹이 되는 것을 의미한다."
"300년 지속되는 회사 DNA를 만드는 일이다."
"항상 정상을 지향하는 일이다."
"사람들에게 가장 필요로 하는 기업이 된다는 뜻이다."
"뜻을 높게 가진다는 의미이다."
"위에서 모든 것을 내려다본다는 말이다."

아하, 하늘에서 모든 것을 내려다본다….

"고독한 사람이 없는 세상을 만든다는 뜻이다."

모두 훌륭한 대답이라고 생각한다. 유일한 정답이 있다고 생각하지는 않는다. 여러분 나름대로 여러 가지 해석이 나온다고 하는 것은 이제 여러분의 머리가 회전하기 시작했다는 뜻이다.

내가 생각하는 천(天) 또는 「손자」에서 천의 의미는 하늘의 때, 타이밍을 말한다. 우리는 지금 정보 빅뱅이라는 절호의 타이밍에 살고 있다. 인류에게 있어 20만 년의 역사 속에서 정보 빅뱅은 100년은 고사하고 50년 전에도 없었다.

그런 의미에서 천하의 파나소닉 창업자 마쓰시타 고노스케 회장도 불운했다고 생각한다. 뛰어난 경영 감각과 인격을 가진 분이었지만, 정보 빅뱅 이전에 태어났기 때문이다. 만약 고노스케 회장이 우리와 동시대에 태어나서 우리와 경쟁하였더라면 감히 상대하기 어려운 상대였을 것이라고 나는 생각한다.

인류 역사상 커다란 혁명이 세 번 있었다. 농업혁명, 산업혁명, 그리고 정보혁명이다. 세 가지 혁명 가운데 가장 커다란 것이 정보혁명인데, 다행히 우리는 정보혁명 시대에서 살고 있다. 인터넷이 생겨나고 브로드밴드가 생겨나고 모바일 인터넷이 생겨났다. 현재 우리는 이런 시대에 살고 있다. 이것을 다른 말로 표현하자면 우리는 하늘이 내려 준 두 번 다시 없는 기회에 살고 있다는 의미이기도 하다.

운도 실력이라고 한다. 우리는 이 시대에 태어났다는 것만으로 이미 행운이라고 생각한다. 이 행운을 잡을 것인가, 말 것인가는 우리 하기 나름이다. 운도 불행도 모든 사람들에게 평등하게 찾아온다. 우리는 그야말로 초행운아의 혜택을 공짜로 얻은 것이나 다름없다. 우리에게는 하늘이 내려준 이때를 최대한 잘 활용해서 크게 비약해야 하는 사명이 있는 것이다.

【지 地】
"「천(天)」이 우리의 「지(地)」에 있는 시대에 있다."

　「지(地)」. 여러분은 이 말이 의미하는 바는 무엇이라고 생각하는가?

"하늘이 내려 준 기회를 붙잡을 수 있는 힘을 기르는 일이다."

　하늘이 준 기회를 자신이 붙잡는 힘을 기른다?

"주변을 둘러싼 상황을 파악하는 일이다. 자기 회사뿐만 아니라, 타사의 상황도 파악하는 일이다."

　주변을 둘러싼 상황을 파악한다. 좋은 의견이다.

"지리적 이점. 거점이 아시아에 있다는 의미다."

　정답이다. 그렇다. 지리적 이점. 우리의 메인 거점은 아시아에 위치하고 있다. 15년 전만 해도 미국인이 전세계 인터넷 인구의

약 50%를 차지하고 있었다. 아시아인은 19%였다. 그러나 5년 뒤에 미국인은 전세계 인터넷 인구의 12%가 되었다. 반면 아시아인이 50%가 되었다.

지금까지는 미국 회사가 아니면 인터넷 사업에서 넘버원이 될 수 없었다. 구글, 아마존, 야후, 이베이, 여러 회사가 있으나 모두 미국 회사였다. 즉 사용자의 50%가 미국인이라면 당연히 웹사이트는 영어로 만들어져 있고, 미국인의 생활 습관에 맞는 비즈니스 모델이 주류가 될 수밖에 없었다. 따라서 미국에게 이점이 있었다.

하지만 이제는 아시아인이 전세계 인터넷 인구의 50%를 넘었다. 겨우 5년 만에 말이다. 이미 중국의 인터넷 사용자 수는 미국을 추월하였다. 중국을 중심으로 한 아시아가 50%를 차지하게 된 것이다. 그런 의미에서 우리는 앞서서 지리적 이점을 얻게 되었다.

하늘의 때를 얻고 지리적 이점을 얻었다면 우리가 인터넷 사업을 본격적으로 하지 않을 이유가 없다. 이런 두 번 다시 없는 기회에 적극적으로 도전하지 않는다면 리더가 될 자격이 없다.

우리는 중국에서 이미 10년 전부터 알리바바 그룹 및 런런과 같은 여러 기업과 전략적 파트너를 맺는 등 사업의 씨를 뿌려왔다. 이미 지리적 이점을 충분히 활용하고 있고, 앞으로 더욱 큰 이점으로 작용하게 되리라고 생각한다.

【장 將】

"「장(將)」을 얻지 않고는 「대장(大將)」이 될 수 없다."

다음은 「장(將)」이다.
이 글자는 소프트뱅크에서 무엇을 의미한다고 생각하는가?

"리더를 누구로 삼을 것인가? 우리들 중에서 누구를 선택할 것인가의 의미다."
"군사를 이끄는 장수. 경영자의 의미이다."
"세계를 리드한다는 의미이다."
"정상을 향해 주변 사람을 이끌어 가는 힘. 그런 자질을 가진 리더의 의미."
"디지털 정보혁명을 추진하는 장수. 알리바바 그룹과 같은 강력한 회사."

여러분의 의견을 종합해보면 「장(將)」의 의미가 어느 정도 그려질 것이다.
나는 현재 소프트뱅크 그룹 전체를 「장(將)」의 입장에서 이끌어가고 있다.
예를 들어 「삼국지」에서 관우나 장비, 조운, 공명과 같은 인물들은 모두 「장(將)」 입장에서 대장인 유비를 도와 싸웠다. 이처럼 커다란 전투를 벌이거나, 혁명을 일으키기 위해서는 무엇보다 우수한 장수가 많이 있어야 한다. 대장은 물론 육해공군의 리더와 그 밑의 중간 리더 등 레벨은 다르지만, 어디에서 무슨 전투를 하더라도 우수한 장수가 없으면 커다란 승리를 거둘 수 없다.

여러분이 내 후계자가 되려면 모두 스스로 대장(將)으로서의 그릇이 되어야 한다. 또한 여러분을 지지하는 우수한 장수를 최소한 10명은 거느리고 있어야 한다. 여러분을 위해 팔 하나, 다리 한쪽을 아낌없이 내놓을 각오가 되어 있는 장수, 경우에 따라서는 목숨조차 버릴 수 있는 정도의 뜻을 공유하는 「장(將)」을 얼마나 부하로 많이 거느리고 있는가? 그것이 가능한가가 중요하다.

앞으로 회사에서는 여러분들이 과연 거대한 산을 옮길 만한 능력이 있는지, 다시 말해 대장의 그릇이 되는지를 지켜볼 것이다. 혼자서는 아무것도 할 수 없다. 진정한 대장이 되기 위해서는 자신을 지지하는 10명의 마음이 통하는, 뜻을 공유하는 장수를 거느려야 한다.

【법 法】

"계속하는 것은 힘(力)이고, 지속시키는 것은 「법(法)」이다."

다음은 「법(法)」이다. 그 의미는 무엇이라고 생각하는가?

"공정한 방법으로 승리하는 것이다."
"법률을 의미한다."
"동지적인 통합을 통해 그룹사를 늘려 나가는 방법의 「법(法)」이다."
"조직을 결속하는 규율의 의미다."

결합의 방법. 조직을 결속하기 위한 규율. 다른 사람들의 의견은?

"강한 회사 조직을 이끌어 가기 위해서는 엄한 기준이 필요하다. 그것이 법이라고 생각한다."
"승리하기 위한 뛰어난 방법을 의미한다."
"법률을 바꾸어 버릴 정도의 혁명을 일으키는 일이다."

법률을 바꿀 정도의 혁명이라….

"비즈니스를 하기 위한 법칙, 추진 방법이다."

법칙, 추진 방법….

「법(法)」이라고 하면 바로 법률의 법이라고 생각하는 사람들이 많은데, 「손자」에서 법이란 시스템이나 방법론, 규율이나 체제를 만드는 일과 같은 의미로 쓰이고 있다. 따라서 비즈니스 모델이나 플랫폼도 여기에 포함된다고 본다.

법률이라는 것도 사실 본래는 여기에서 나온 것이다. 따라서 「손자」에서 법이란 법률의 법이라기보다는 방법의 법에 가깝다.

우연히 열린 열매는 다음 해에 다시 열매를 맺지 못한다. 그때그때의 요행으로 얻은 결과는 오래가지 않는다. 성공을 위해서는 체제나 시스템을 만들 필요가 있다. 그리고 성공을 위한 법칙을 만들어 놓지 않으면 커다란 조직으로 성장할 수 없다.

소프트뱅크 그룹의 모든 회사에는 일별 결산 시스템이나 부문별 관리 회계시스템은 물론 지속적으로 새로운 비즈니스 모델을 만들어 낼 수 있는 노하우 등 소프트뱅크가 독자적으로 만들어낸 다양한 운영 체계가 있다. 그런 것들이 우리 회사의 「법(法)」이다. 사물을 시스템적으로 생각해야 한다. 그렇지 않으면 규모를 키우고, 유지할 수 없다.

지금까지 살펴 본 바와 같이 첫째 줄의 「道 · 天 · 地 · 將 · 法」에서 중요한 것은 「손자 병법」의 사고 방식을 소프트뱅크류로 재해석하고 그것을 어떻게 소프트뱅크 조직에 응용해가는가이다.

우주의 의미를 머리로만 이해하는 것이 아니라, 실제로 그 의미를 행동으로 바꾸어 나가야 한다. 어떤 체제를 만들면 회사가 더욱 강해질 것인가? 그것에 대해 여러분 한 사람 한 사람이 고민하고 점차 그 완성도를 높여 나가는 그런 회사 문화를 만들어야 한다.

결국 그런 회사 분위기가 만들어질 때 우리 소프트뱅크는 다른 어느 회사, 어느 그룹보다도 지속적으로 성장하는 체제, 성공 확률이 높은 체제가 더욱 공고해지리라고 생각한다.

2. 頂·情·略·七·鬪
   – 리더가 지녀야 할 지(智)란?

【정 頂】

"먼저, 내가 올라가야 할 산을 정하라."

　지금부터 이야기할 부분은 어디에도 없는 내 독창적인 비전에 관한 것이다.
　「정(頂)」은 비전을 의미한다.
　정(頂)이란 산 정상에서 내려다본 풍경이다. 산기슭에서부터 산을 오르기 시작할 때는 아래가 보이지 않는다. 정상에 올라가야 비로소 세상의 경치가 보인다. 마을 전체의 풍경이 보인다. 비전을 가진다고 하는 것은 산에 오르기 전부터 산 정상에서 보이는 경치는 어떤 것일까?를 미리 상상하는 것이다.
　그러기 위해서는 먼저 스스로 올라가야 할 산을 정해야 한다. 산이 정해지면 이미 자신의 인생 절반은 정해진 것이다. 절반의 승리는 이미 이루어진 것이다.
　소프트뱅크 그룹의 「장(將)」을 계승하기 위해서는 그룹이 어디를 향해 가야 하는지, 10년 후, 20년 후, 30년 후에는 세상이 어떻게 변할 것인지, 그런 가운데 우리는 어떤 비즈니스 모델을 가져가야 할지에 대해 끊임없이 생각하면서 비전을 더욱 선명하게 세워 나가야 한다. 선명히 한다고 하는 것은 막연히 생각해서는 안 된다는 뜻이다.

'미래는 이렇게 될 것이다'라고 이야기한다면 그는 이미 낙제다. 10년 후도, 100년 후도 미래다. 그렇게 말해서는 안 된다. 그게 아니라 '10년 후에는 이렇게 될 것이다. 30년 후에는 이렇게 될 것이다'라고 명확하게 기한을 정하고, 그 시점에서의 이미지를 철저하게 그려야 한다. 산 정상에서 아랫마을을 내려다보듯이 분명하게 미래 시점에서 내려다봐야 한다.

비전. 먼저 올라갈 산을 정하라! 산 정상에서 내려다본 풍경을 이미지화하라는 말이다. 비전을 가지고 있지 않은 리더는 최악이다. 10년 후에 나는 이렇게 하겠다. 30년 후에 우리 회사는 이렇게 될 것이다. 그것을 언제, 어디에서든 명확하게 구체적으로 이야기할 수 없는 사람은 리더로서 자격이 없다.

대기업에서 새롭게 사장이 취임하게 되면 매스컴의 취재를 받는다. 여러분이 내 후계자가 된 그날 수많은 TV 방송국과 신문사가 방문할 것이다.

"기분은 어떻습니까?"
"포부는 무엇입니까?"

그들에게 많은 질문을 받을 것이다. 그때 무엇이라고 대답할 것인가? 지금부터 생각해 두어야 한다. 일본의 대기업, 상장 회사의 대부분의 신임 사장들은 무엇이라고 할까? 예상하지도 않은 사람이 사장이 되었다면 그 부하들은 참 불행한 사람들이다. 마음의 준비가 전혀 안 된 사람이 사장이 된다면 부하들을 길거리로 내몰아 여기저기 헤매게 할 것이 뻔하기 때문이다.

그런 사장에게 비전이 있을 리 없다. 비전이란 갑작스럽게 떠오르는 게 아니다. 평상시부터 생각하고 머리가 터질 정도로 고심하지 않으면 나오지 않는다. 이삼일 생각해서 나온 비전은 비전이 아니다.

이전에 발표한 「신 30년 비전」도 1년간에 걸쳐 고심에 고심을 거듭하고 그룹의 여러 사람들과 수많은 논의를 거쳐 나온 것이다. 2, 3일만에 비전을 만드는 사람은 리더로서 실격이다. 하물며 비전이 없는 사람은 절대로 리더가 되어서는 안 된다.

【정 情】

"「정(頂)」을 뒷받침할 정보를 철저하게 수집하라."

다음은 「정(情)」이다. 정은 무슨 의미라고 생각하는가?

"마음 깊은 곳에서 불타오르는 정열이다."
"저도 정열이라고 생각한다."

정열이라….

"정의를 관철시키기 위해서는 정을 가져야 한다는 의미이다."

정의를 관철시키는 정….

"타이밍을 놓치지 않기 위한 정보다."

정보?

"정보를 무기로 해서 싸우는 일이다."

정보라고 하는 무기. 그렇다. 정(情)은 정보를 의미한다.

내가 미국에서 대학을 졸업하고 일본에 돌아와서 사업가가 된다고 했을 때, 무엇을 하면 좋을지, 어떤 사업을 시작하면 좋을지에 대해 일년 반 동안 고민에 고민을 거듭했다.

나에게 '고민한다'는 것은 괴롭고 힘든 일을 의미하지 않는다. 내가 가지고 있는 선택지에 대해 대단히 역동적이고 공격적으로 깊이 생각한다는 뜻이다. 그 당시 40여 개의 새로운 사업 아이템을 생각해 냈다.

한꺼번에 40여 개의 사업 아이템이 떠오른 것이 아니다. 1년 반에 걸쳐 매월 몇 개씩 산모가 고통스럽게 아기를 출산하듯 엄청난 고통을 겪으며 만들었다. 무슨 일이 있더라도 반드시 해내겠다는 강한 의지를 가지고 사업 계획을 만들었다.

그리고 그 40개 모두는 세상 어디에도 없는 새로운 비즈니스 모델이었다. 그때까지 누구도 도전하지 않은 새로운 형태의 비즈니스 모델을 발명한 것이다. 이 사업을 하면 무조건 일본에서 1등이 될 것이다. 넘버원 회사를 만들 수 있다. 그렇게 생각하고 흥분하면서 만들었다.

그리고 각각의 사업에 대해 향후 10년간의 비즈니스 플랜을 세웠다. 예상 자금조달 계획서, 예상 손익계산서, 예상 밸런스시트, 예상 인원계획, 예상매출, 마켓 셰어, 모든 것을 철저하게 검증했다. 경쟁 상대가 될 회사규모, 비즈니스 모델, 매출, 이익, 밸런스시트를 빠짐없이 조사했다. 하나의 비즈니스 모델에 대해 그 자료를 1미터 이상의 높이가 될 때까지 수집해서, 검증하고 또 검증했다.

물론 이것은 반드시 해야겠다고 결정한 아이템에 대해서 그렇게 했다. 그런데 작업을 해놓고 2, 3주 지나면 더 좋은 아이디어가 떠오르곤 했다. 그런 일의 반복이다 보니 획기적인 아이디어가 아니면 아예 검토도 하지 않았다. 하지만 생각하지 못했던 좋은 대체안이 떠오르면 그 아이디어에 대해 스스로 흥분하여 정보를 모으고 분석하기를 40회 반복한 것이다. 그런 일의 연속이었다.

여러분도 앞으로 신규 사업을 할 기회나 신규 사업에 관여할 기회가 많이 있을 것이라고 생각한다. 하지만 상사에게 지시를 받았기 때문에 마지 못해서 일을 하거나 시킨 대로 일을 해서는 이미 그 시점에서 실격이다.

자기가 스스로 다른 사람에게 제안할 정도의 능력을 가지고 있지 않으면 이미 실격이다. 본인이 주도적으로 '이것을 한번 해봅시다!'라고 할 정도가 되어야 한다. 우리 회사가 이것을 지금 하지 않으면 세계적 트렌드에서 뒤쳐진다. 이것을 도입하게 되면 소프트뱅크가 앞으로 몇 배나 큰 회사가 될 수 있다. 항상 머릿속으로 그런 비즈니스 모델을 고민해야 한다.

나는 1년 반 만에 40개를 생각해 냈다. 단순한 숫자로 40개가 아니라, 어제 생각한 아이디어를 뒤집고 보다 나은 아이디어를 만들어 내기를 수십 번 한 결과, 40개의 사업 아이템이 만들어진 것이다. 40개에 점수를 매겨 가면서 압축하였다.

그리고 마지막으로 엄선한 것이 소프트뱅크의 이념인 미래 정보혁명을 이끌어 나갈 사업이었다. 우연하게 얻어 걸린 것이나, 대충 생각해 낸 것은 안 된다. 최선을 다해 고심한 끝에 비로소 도출된 것이어야 한다. 우연히 얻어진 것은 절대로 오래가지 못한다.

따라서 비전을 수립하고자 한다면 그 비전이 정말로 맞는 것인지 정보 수집과 분석, 검증을 철저하게 해야 된다. 그것을 게을리해서는 제대로 된 비전이 나올 수 없다.

【략 略】

"엄선된 「략(略)」만이 「정(頂)」을 실현시킨다."

다음은 「략(略)」이다. 「략(略)」은 무슨 뜻이라고 생각하는가?

"어떤 우선순위에서 전략을 생각할 것인가 하는 것이다."

우선순위라….

"비전을 달성하기 위해 어떤 전략을 세우면 좋을 것인가 하는 것이다."

그렇다. 비전을 달성하기 위한 전략이 정답이다.

정상에서 내려다 보고, 비전을 세운 뒤, 그 비전을 실현시키기 위해 철저히 정보를 수집하고 전략을 세워야 한다.

전략의 「략(略)」은 원래 '생략(省略)하다'라는 의미에서 왔다. 수많은 정보를 모으고 그것을 분석해서 불필요한 것, 덜 중요한 것을 철저하게 제거하고, 지엽적인 것을 걸러내고, 남은 것 중에서 가장 튼실한 줄기를 찾아 급소인 본질을 추구하는 것이 곧 전략이다.

죽을 정도로 고민하고, 죽기 살기로 정보를 모은 뒤, 다양한 관점에서 사물을 깊숙이 들여다봐야 한다. 그리고 모든 선택지를 검증한 뒤, 불순물이 99.9%까지 제거된 순도가 높은 것만을 압축한다. 압축된 것이 아니면 전략이 아니다. 이것도 하고 저것도 하는 것은 전략이 아니다.

선택지를 철저하게 검증하고 가능한 선택지 중에서 다시 순도가 100%에 가장 가까운 1개로 압축된 것만이 전략인 것이다.

【칠 七】

"리더란 「삼(三)」의 퇴각전을 할 수 있는 용기가 있어야 「칠(七)」의 승리를 거둘 수 있다."

다음은 「칠(七)」인데, 여러분은 무슨 의미라고 생각하는가?

"70% 이상의 승산이 있어야만 승부한다는 의미다."

그렇다. 정확한 대답이다. 단번에 정답을 맞추기는 했는데, 이 부분은 내가 여러 곳에서 이미 정답을 이야기했기 때문에 상을 주기는 뭐하고. (웃음).

「칠(七)」이라는 숫자를 삽입한 것은 내가 직접 고안한 것이다. 도마뱀도 신체의 30%, 꼬리까지는 잘려도 다시 꼬리가 자라난다고 한다. 하지만 몸의 반이 잘려 나간다면 100% 죽을 것이다. 리스크를 진다고 하는 것은 30%까지라는 뜻이다.

나는 흔히 리스크가 큰 사업만을 하는 사람으로 세상에 알려져 있다. 손정의 하면 모험가, 도박꾼 등의 형용사가 따라다니는 것 같다. 분명 격렬한 싸움에 도전하고 그 빈도가 높은 것은 사실이다. 물불 가리지 않고 일을 벌이는 것은 틀림없다. 그런데 사실 나는 굉장히 용의주도한 사람이다.

30% 이상의 리스크는 절대 지지 않는다. 실패한 경우라도 그 부분만 잘라내면 회사 자체는 도산하지 않는다. 그 잘려 나가는 부분이 전체 수익이나 기업 가치의 30%를 넘어서는 안 된다. 중요한 것은 단지 앉아서 리스크만 계산해서는 안 되고, 사업이 성공할 가능성이 70% 이상이 될 사업 아이템만을 집요하게 찾아내는 노력이 중요하다.

하지만 70% 이상 성공할 확률이라는 것도 사실 주관적이다. 그 부분에 대해서는 충분한 주의를 기울일 필요가 있다. 성급히 낙관적인 눈으로만 예상해서는 안 된다. 70% 이상 성공한다는 것에 대한 100%의 확증이 절대적으로 필요하다.

깊이 생각해 보고 또다시 생각해 봐도 70% 이상 성공할 것이라는 자신감이 있어야 한다. 집념이 들어간 70%이어야 한다. 손 회장이 70%라고 말했으니, 무조건 70%는 되겠지라고 쉽게 생각해서는 절대 안 된다.

하물며 성공 확률이 절반밖에 안 되는데 싸움을 건다는 것은 바보나 할 짓이다. 그런 사람이 리더가 되어서는 가문을 멸망으로 몰고간 다케다 카츠요리 꼴이 난다. 그는 나가시노 전투에서 천하무적이었던 다케다 가문의 기마 군단을 누가 보더라도 싸움을 해봐야 100% 질 것이 뻔한 오다 노부나가의 소총 부대로 돌진시킴으로써 아까운 기마 군단을 전멸시킨 최악의 리더였다.

만일 내가 카츠요리였고 기마 군단이 30%의 전력을 손실하였다면 그 자리에서 체면이고 뭐고 다 내팽개치고 쏜살같이 도망쳤을 것이다. 곧바로 군사를 퇴각시켰을 것이다. 카츠요리는 쓸데없이 오기를 부린 것이다. 그런 사람이 리더가 되면 회사를 망하게 한다. 이것만은 절대 경계해야 한다. 여러분들이 만약 어리석은 후계자가 된다면 회사가 망하게 된다. 절대 오기로 싸움을 해서는 안 된다.

그런데 대부분의 사람들은 자기도 모르게 오기를 부리곤 한다. 지는 싸움이라는 것을 잘 알고 있으면서도 잃어버린 30%가 아까워서 그대로 적진으로 돌진해 버리는 것이다. 30%가 너무 아깝다. 어떻게 하든 다시 되찾겠다는 생각에 빠져 결국 전멸하는 것이다. 이 '아깝다'는 발상이 결국 회사를 망치는 것이다.

나는 몇 번이나 퇴각전을 치룬 경험이 있다. 사실 퇴각하는 것은 공격하는 것보다 10배 이상의 용기가 필요하다. 하지만 나는 퇴각할 때는 뒤도 안 돌아보고 신속하게 한다. 물론 매스컴으로부터 엄청난 비난을 받는다. 비겁하다, 무책임하다 등등.

하물며 합작 사업인 경우는 파트너에게 피해를 주게 된다. 예를 들어 이미 1,000억 엔이나 투자한 사업인데, 그것을 철수한다는 것은 엄청난 용기가 필요하다. 하물며 내 후계자가 될 여러분이 퇴각을 결정한다는 것은 나 이상으로 엄청난 용기가 필요할 것이라고 생각한다. 선대 회장은 훌륭했다. 2대 회장은 약골로 멍청하기 때문에 실패했다는 소리를 들을 게 뻔하다. 그런 말을 들을 것을 뻔히 알면서도 퇴각하려면 얼마나 큰 용기가 필요하겠는가?

하지만 이것을 해내는 자만이 리더로서 자격이 있다. 오기로 하는 사람은 바보라고 생각하라. 퇴각하지 못하는 사람은 바보라고 생각하라. 그런 쪼잔한 사람이 리더가 되어서는 안 된다. 그런 사람은 무능한 것이다. 브레이크 없는 차는 얼미나 위험한가? 후진할 수 없는 차는 얼마나 위험하겠는가? 그것을 생각해 보라.

이 「칠(七)」이라는 숫자는 머릿속에 깊이 담아 두었으면 좋겠다. 그냥 단순히 70%의 확률인가?라는 정도의 이해로는 안 된다. 절대로 조직에 30% 이상의 손해를 주지 않겠다. 30% 이상 손해를 끼칠 것 같으면, 망설임 없이 단칼에 꼬리를 자르겠다. 눈에 밟히지만 부하들의 거취에 대해서는 잠시 생각을 접어 두겠다. 리더는 이렇게 일을 해야 한다.

하지만 대부분의 일반 사람들에게는 그것이 말처럼 잘 안 된다.

부하들 일을 접어 둔다는 것은 퇴직시킨다는 뜻이 아니다. 소프트뱅크 그룹에는 다른 회사와 부서가 얼마든지 많이 있다. 급한 불을 끈 뒤, 소프트뱅크의 다른 회사, 다른 부서로 이동시켜 다시 활약하게 하면 된다는 뜻이다.

그 정도의 엄격함과 냉철함, 그리고 그것을 지탱하는 단단한 방어막을 가지고 있지 않는 사람은 리더가 되어서는 안 된다. 대기업이든 중소기업이든 무너질 때에는 30%의 꼬리를 자르지 못한 경우가 거의 대부분이라고 생각한다. 주식투자에서도 손절을 적절히 잘할 줄 알아야 하는 것과 같은 맥락이다.

그렇다고 해서 확률이 90%를 넘을 때까지 때를 기다리게 되면 특히 우리와 같은 IT업계에서는 진입 타이밍을 놓치게 된다. 물론 단기간에 90% 이상의 확률을 확보만 할 수 있다면 그보다 좋을 수는 없겠지만, 80%, 90%까지 확률이 올라가기를 기다리는 사이에 내가 올라타야 할 버스가 휙 지나가 버리는 경우가 많다.

지금 전세계는 눈깜짝할 사이에 변하는 치열한 경쟁을 하고 있다. 모두 민첩한 총잡이들이다. 상대보다 빨리 총을 쏘지 않으면 내가 총을 맞게 된다. 나는 일본의 대기업이 경쟁에서 지는 것은 대부분 스피드 때문이라고 생각한다. 그들은 승률이 90%까지 되기를 기다린다. 물론 리스크가 높아서는 안 된다. 하지만 너무 리스크를 두려워해서는 게임 자체가 시작이 안 된다는 사실을 반드시 기억해 두길 바란다.

【투 鬪】

"어떻게 하든 비전을 현실화시키라."

다음은 「투(鬪)」이다. 여러분은 그 의미가 무엇이라고 생각하는가?

"투쟁심. 공격이야말로 최대의 방어라는 의미이다."

적절한 대답인 것 같다.

"비전을 현실화하기 위해 기득권자, 권력과 싸운다는 의미다."

기득권의 권리라….

"상대를 제대로 파악하고 싸우는 일이다."
"진정한 리더에게 갖추어져 있는 투지라고 생각한다."
"리더 스스로가 선두에 나서서 싸운다는 의미다."
"70% 승산이 있는 사업을 끝까지 완수하겠다고 하는 강한 의지이다."

그렇다. 「투(鬪)」란 어떤 일이든 끝까지 해내는, 끝까지 싸워서 쟁취하는 그런 것이다. 경쟁은 항상 있게 마련이다. 아무리 고매한 이상을 말하더라도, 우수한 전략을 가지고 있더라도 싸워서 쟁취해야 그것이 의미를 가진다.

아무리 우수한 비전이라도, 뛰어난 전략이라 하더라도, 좋은 정보를 아무리 많이 수집하더라도, 입으로 말만 하는 것은 간단하다. 자신이 싸워서 쟁취하겠다는 자신감, 성취하려는 각오가 없는 한, 고매한 이론은 무책임한 공치사에 불과하다. 말만 하는 일이라면 트위터(지금의 'X')에 140자로 글을 쓰면 된다.

나도 매일 트위터를 하고 있지만, 정말로 사람들은 여러 가지 일에 흥미를 가지고 글을 올리는 것 같다. 소프트뱅크는 '정보혁명으로 사람들을 행복하게 하겠다'고 이야기하면서 왜 아이폰의 SIM LOCK(휴대전화를 다른 통신사에서는 사용할 수 없도록 제한하는 기능)을 걸어 두느냐?는 불만의 글이 매일 같이 트위터에 올라온다. "사카모토 료마라면 SIM LOCK 따위는 절대로 걸지 않을 것이다." 등.

하지만 사카모토 료마도 투쟁했다. 막부를 무너뜨리기 위해 투쟁했다. 다카스기 신사쿠도, 사이고 다카모리도, 모두 투쟁해서 자신의 뜻을 이루었다. 한참 싸우고 있는 와중에 적에게 일부러 자신의 무기를 넘겨주는 사람이 어디에 있겠는가?

자신이 쓰러지면 어떻게 뜻을 이룰 수 있겠는가? 그렇게 해서는 정보혁명으로 세상 사람들을 행복하게 하고 싶다는 높은 뜻을 실현시키기 전에 애석하게도 자기가 먼저 죽는다. 그래서는 그냥 통 큰 사람으로 끝난다. 한참 싸우고 있는 와중에, 일을 성취하기도 전에 무기를 내팽개치는 바보가 세상 어디에 있겠는가? 그런 사람은 절대로 큰 일을 성취할 수 없다. 그건 그냥 무책임한 사람이다.

토요타 창업자도, 마쓰시타 회장도, 혼다 회장도, 헨리 포드도, 록펠러도, 빌 게이츠도, 스티브 잡스도 모두 투쟁해서 라이벌 회사를 힘들게 추월했고, 싸우고 또 싸워서 자신의 비전을 실현해 낸 것이다. 따라서 투쟁한다고 하는 것은 비전을 실현시키는 것이다. 투쟁 = 비전, 비전 = 투쟁인 것이다.

아무 일이나 싸워서 성취하라는 것이 아니다. 하지만 비전을 실현시키기 위해, 이념을 실현시키기 위해 싸우지 않으면 안 되는 일이 있다. 장관과 싸워야 하는 때도 있다. 상대가 수상이든 대통령이든 싸워야 하는 때가 있다.

그것은 무엇을 위한 싸움인가? 높은 이상, 이념. 그것을 실현시키기 위해 싸우는 것이다. 비전을 실현시킴으로써 10년 후, 20년 후, 100년 후, 300년 후에 세상 사람들을 행복하게 할 수 있는 그것을 위해 싸워야 한다. 료마가 자기 번을 버릴 때에도 주변 사람들에게 많은 폐를 끼쳤다. 가족에게, 자기가 속했던 번에도 폐를 끼쳤다. 세상 일에는 2, 3년 동안 주위에 폐를 끼치더라도 어쩔 수 없는 경우가 때로는 있다. 옳고 그름을 판단하기에는 상당히 어려운 부분이 있지만 말이다.

하지만 끝까지 싸워 살아남는다면 100년 후, 300년 후의 사람들에게 고맙다고 칭찬받을 것이다. 그렇게 일을 성취하겠다고 하는 결의와 각오가 마음속 깊이 있다면 라이벌에게 이기기 위해 다소의 비판은 받을 각오를 해야 한다. 사업가, 혁명가는 투쟁하지 않으면 안 될 숙명을 타고 났기 때문이다. 때로는 목숨을 걸고 싸워야 일이 성취되는 경우도 있다.

그러면 어떻게 싸울 것인가? 그 전략에 해당되는 것이 다음의 내용이다.

3. 一·流·攻·守·群
– 1인자가 되고자 하는 사람의 싸움법

【일 一】
"넘버원만이 할 수 있는 역할이 있다."

싸움을 위한 전략편이 바로 이 세 번째 줄이다.
그 첫 글자인 「일(一)」은 어떤 의미라고 생각하는가?

"1등을 고수하는 일이다."

1등을 고수한다….

"하나의 잘하는 분야를 압축해서 승부를 한다는 의미다."

압축해서 승부를 한다….

"어중간한 일등이 아니라, 압도적인 넘버원이 된다는 의미다.'
"압도적인 넘버원으로 마켓 셰어 1위를 한다는 의미다."

마켓 셰어가 압도적인 1위….

"가장 먼저 현장에 가는 일이다."

먼저 현장에 간다….

"세상에 둘도 없는 유일한 존재라는 의미."

온리원의 의미….

"한 가지를 파고들다. 한 가지 일에 전념한다는 의미다."
"어떤 분야에서 1등이 될 것인가를 성한다는 의미다."

모두 훌륭한 대답이지만, 여기서 말하는 일(一)이 의미하는 바는 넘버원 전략을 말한다. 압도적인 넘버원이 아니면, 그 비즈니스 모델은 시간이 지남에 따라 이익이 나지 않게 된다. 결과적으로 커다란 사업이 되지는 못한다는 뜻이다.

압도적인 1위가 되어야 비로소 플랫폼이 된다. 업계 표준, 압도적 표준(Defact Standard)이란 압도적 1위를 말한다. 마이크로소프트의 윈도, 인텔의 CPU, 구글, 아마존, 야후. 그 각각이 압도적

1위가 되고 나서야 비로소 그 본질적인 존재감을 오래 누릴 수 있게 된 것이다.

압도적인 1위 전략은 「손자」에도, 란체스타 이론에도 나오는 내용이다. 이기는 싸움만 한다. 싸우면 무조건 이긴다. 따라서 압도적 1위가 된다고 하는 것은 자신이 있는 분야에만 손을 댄다는 뜻이기도 하다. 1위가 되기까지 시차의 문제는 있지만 압도적인 1위가 될 수 있는 길이 보인다면 그 분야에 진출한다. 그리고 일단 진출한 이상, 압도적인 1위가 되기 위해 노력한다.

1위가 되면 자신만의 플랫폼을 구축한다. 압도적인 표준을 만들어 업계를 리드한다. 이것이 지금까지 소프트뱅크가 성장하고 일을 해 온 방식이다. 특히 정보화 사회에 있어서는 압도적인 1위가 되지 못하면 그 포지션이 상당히 위험해지는 경우가 많다.

따라서 지금까지 우리는 넘버원 지위를 강하게 추구해 온 것이다. 소프트뱅크는 보다폰 재팬을 인수하였다. 그때까지 보다폰 재팬은 업계 1위를 경험해 본 적이 없었다. 회사를 인수하고 나서 간부들과 이야기를 나누어 보니, 패배자 근성이 몸에 배어 있었다. 이래서는 안되겠다는 생각이 번쩍 들었다.

"여러분들은 루저 근성이 너무 몸에 배어 있다"라고 지적한 뒤, 그들에게 어떻게 하면 상대를 이길 수 있는지, 무엇을 하면 좋을지에 대해 의견을 물어보았지만, 아무도 자기 의견을 내놓지 않았다. 패배자 근성에 젖어 우리는 아무리 해도 안 된다는 암울한 분위기가 만연해 있었기 때문이다.

나는 그들에게 "앞으로 두고 보라. 우리는 가입자 수 순증가율에서 반드시 업계 1위가 될 것이다"라고 선언하였다. 누계 계약자 수로 업계 넘버원이 되려면 상당한 시간이 걸린다. 하지만 1개월 단위의 목표를 세우고 그 달에 순증 넘버원을 달성한다면 "뭐야, 우리도 1등을 할 수 있지 않은가?"라고 생각하게 되리라고 예상했다.

실제로 우리가 월 단위 순증가율 1위를 달성한 후, 거의 매달 1위를 달성했다. 단지 몇 달을 제외하고는 매달 1위를 달성했다. 1위가 일상적인 일이 되면 미달성한 달은 뭔가 부자연스럽게 느끼게 된다. 달성 못 하면 나도 모르게 왠지 그냥 기분이 찜찜하다. 사람은 자연스럽게 그렇게 된다.

나는 초등학교 시절부터 거의 1등만 줄곧 했다. 하여간 무슨 일을 하든 1등이었다. 1등을 하지 않으면 직성이 풀리지 않았다. 따라서 1등이 되기 위해 자신을 밀어붙였다. 배수진을 쳤다. 무슨 일을 하든 절대 기가 죽지 않았다. 한번 한다고 마음먹으면 그 분야의 1위가 되어야만 만족하는 성격이었다.

그렇다고 무엇이든 1등을 목표로 한 것은 아니다. 음악에서 1등이 되겠다고 생각한 적은 한 번도 없다. 나는 사실 좀 음치다. (웃음). 키가 작기 때문에 배구에서 넘버원이 될 생각을 한 적도 없다. 하지만 자신이 할 수 있는, 또는 할 수 있다고 생각되는 분야에서는 무조건 1등이 되겠다고 생각하고 그렇게 노력했다. 승리하는 습관을 몸에 배게 한다. 승리를 고집한다. 1위를 고집한다. 압도적인 1위를 고집한다. 나의 그런 성격이 그대로 우리 사풍이 된 것이다.

「투(鬪)」라는 글자가 있다. 2등, 3등, 하물며 4등, 5등으로 어리바리해서 어떻게 뜻을 이룰 수 있겠는가? 세상은 그렇게 호락호락하지 않다. 뜻을 높게 가지고 어려움을 무릅쓰고 뜻을 성취해야 한다. 패배자 근성이 몸에 배면 그런 기개가 생기지 않는다. 2등이라도 괜찮다. 항상 3등이었는데…. 이런 식이 된다. 그런 사람은 절대로 자기 뜻을 이룰 수 없다. 높은 뜻을 가질 수 없다.

여러분이 리더가 되었을 때는 열심히 노력해서 2등이 되었다라는 말을 절대로 입밖으로 내서는 안된다. 2등은 패배자라고 생각하라. 5등에서 2등이 되었다고 스스로 위안을 삼는다면 스스로 '나는 바보다'라고 생각하라. 그 시점에서 실격이다.

2등까지 올라왔다면 '한 발만 더 가자. 어떻게 하든 1등을 하겠다'라고 굳은 결심하고 근성을 가지고 끝까지 노력하라. 2등으로는 아직 게임이 끝난 게 아니다. 그런 회사 사풍을 만들지 못하면 큰일을 성취할 수 없다. 300년을 생존하는 기업이 절대 될 수 없다.

부하 사원에 대한 깊은 애정이 있다면, 고객에 대한 강한 책임감이 있다면 1등이 되어야만 한다. 1등이 되면 주위를 돌아볼 여유가 생겨 고객에 대해 더욱 친절하게 된다. 더욱 새로운 기술 개발에 도전할 수 있게 된다. 한층 더 책임감을 가지고 사업을 할 수 있게 된다. 진정한 책임감을 가지라. 높은 뜻을 가지고 싶다면 2등에 안주해서는 절대 안 된다.

【류 流】

"주류(主流)가 될 수 없는 방류(傍流)를 선택한 사람에게 승리는 없다."

「류(流)」에 대해 생각해 보자. 여러분은 어떤 의미가 있다고 생각하는가?

"시대의 흐름을 읽는 것이 아니라, 창조한다는 의미이다."

스스로 시대의 흐름을 만든다….

"항상 흐름을 읽는다는 의미다."
"강물처럼 머무르지 않고 끊임없이 흐른다는 의미이다."
"흐름에 올라타기 위해 확실한 기반을 만드는 일이다."
"일류와 손을 잡는다는 의미다."
"흐름을 중요시한다는 의미다."

그렇다. 여러분의 대답은 사실 모두 정답이다. 시대의 흐름, 그 흐름에 반해서는 안 된다. 내가 아직 어린 아이였을 때, 조선업계에서 세계적으로 유명한 경영자가 있었다. 사양 산업이었던 조선업계를 철저한 코스트 삭감을 통해 몇몇 회사를 재건함으로써 조선회사 재건의 왕으로 불린 분이다. 그를 모델로 한 소설이 여러 권이나 쓰였을 정도였으며, 드라마로 제작되기도 하였다. 그분을 우리 아버지는 침이 마를 정도로 칭찬하셨다. 어려운 재건 사업을 철저하게 연구하여 훌륭하게 재건을 성공시켰다. 따라서 그분은 '대단히 훌륭한 사람이다'라는 것이다.

그때 나는 아직 중학생이었는데, 아버지에게 "아버지가 존경하는 그 아저씨를 나는 존경할 수 없다"고 분명하게 내 의견을 말했다. 그 사람은 경영자로는 실격이라고 했다.

그 생각에는 지금도 변함이 없다. 왜 쇠퇴하고 있는 산업에 자신의 인생을 거는가? 이미 그 시점에서 경영자로서, 사업가로서는 실격이다. 시대에 역행하고 있기 때문이다. 물론 하지 않으면 안 되었던 사정은 안다. 하지만 만약 내가 그 입장이었다면 조선업에서 축적된 제조기술, 관리 노하우, 영업력, 그런 기초체력을 활용해서 제조 이외의 다른 것을 할 것이다. 또는 일본에서 하지 않고 그 기술을 가지고 중국이나 러시아, 인도 등 인건비가 싼 곳에서 할 것이다. 그랬다면 그나마 그를 이해했을 것이다.

시대의 흐름에 역행한다는 것은 어쩌면 과거 막부시대의 대표적 패장인 다케다 카츠요리의 행동과 무엇이 다른가? 누구보다 일찍 방향성을 읽고, 흐름을 읽었음에도 불구하고 그 행동이 시대에 역행한다면 그는 사업가로서 경영자로서 실격이다.

우리 소프트뱅크 그룹은 이유야 어쨌든 사양산업에 뛰어드는 실수를 해서는 안 된다. 앞에서 예로 든 조선업 경영자는 아버지로부터 물려 받은 일을 할 수밖에 없는 사정이 있었다. 그것은 이해하지만 내가 만약 사업을 승계하였다면 나는 재빠르게 업태 전환을 했을 것이다. 조상 대대로 내려온 가업을 지킨다고 하는 고

리타분한 일은 절대로 하지 않을 것이다. 적어도 내 후계자가 될 사람은 그렇게 하면 실격이다.

절대로 흐름에 역행해서는 안 된다. 농경사회로 돌아가거나, 산업혁명 시대로 돌아갈 수는 없다. 시대의 흐름을 누구보다 빨리 읽고 반 발짝, 한 발짝, 세 발짝 먼저 가서 기다려야 한다. 그것이 답이다.

강에서 수영을 한 적이 있는가? 물의 흐름과 반대 방향으로 수영을 하면 어떻게 되는가? 하지만 흐름에 몸을 맡기면 얼마나 쉽게 수영할 수 있는가? 얼마나 편한가? 답은 간단하다. 일을 복잡하게 생각할 필요가 없다.

다른 예를 들어 보자. 디지털 정보산업에서 어떤 OS를 선택할 것인가 하는 것은 굉장히 중요한 일이다. 정보산업을 선택하였으니, 이미 흐름에 올라탄 것이 아닌가?라고 단순히 생각해서는 곤란하다.

과거에 어떤 메이커가 자사 제품의 OS로 CP/M(8비트 PC에 있어 가장 일반적 OS. 16비트 이행기에 CP/M 3.0을 선택한 메이커와 MS DOS를 선택한 메이커로 나뉘었는데, 전자는 거의 보급되지 못했다)을 선택했다. 나는 당시 메이커 임원에게 분명하게 말했다. "왜 MS DOS를 선택하지 않느냐?"고 말이다.

일시적으로 특정 부분이 반년 정도 앞서 있긴 하지만, 대중적이지 않다면 의미가 없다. 의외로 많은 사람과 기업들이 커다란 흐름을 무시하고 일시적으로 우수한 것에 지나지 않는 비주류를 잡고 우리가 더 앞서고 있다고 말하고 싶어한다. 그런 편협한 사람들이

꼭 있다. 편협한 사람은 대체적으로 사업가로서는 맞지 않는다.

왕도란 가장 큰 물에서 정통 챔피언이 되는 것이다. 틈새시장에서 성공을 지향하는 것은 사업가로서 실격이다. 컨설턴트들은 대부분 '틈새전략을 채택하라'고 말한다. 벤처회사들이 성공하기 위해서는 틈새시장을 선택해야 한다고 주장한다. 심지어 소프트뱅크도 틈새산업을 선택했기 때문에 운 좋게 성공한 것이라고 이야기한다.

그렇게 말하는 사람들은 100% 잘못 알고 있는 것이다. 나는 틈새시장을 선택한 적이 한번도 없다. 틈새이기 때문에 그곳을 공략하면 기회가 있으리라고 생각한 적은 단 한순간도 없다.

지금은 틈새로 시장이 작지만 5년 후, 10년 후, 30년 후에 그 산업, 그 분야가 주류가 될, 그런 것만을 선택했다. 즉, 나중에 가장 큰 강이 될 샛강을 선택한 것이다. 가장 큰 매스 마켓이 될 시장. 그런 곳을 남들보다 일찍, 아직 작은 시장일 때 선택한다는 전략이었다.

10년이 지나도 30년이 지나도 틈새인 것을 사업 아이템으로 골라서는 안 된다. 일시적으로 틈새시장에서 성공한다고 하더라도 그것은 일시적인 성공에 지나지 않는다. 그런 부평초를 쫓는 사람은 사업가가 아니다. 단순히 유행을 쫓는 추종자, 장사꾼에 지나지 않는다.

또한 미래에 본류(本流)가 될 곳에서 싸울 자신이 없어 틈새를 선택하는 사람도 진정한 사업가라 할 수 없다. 장래에 커다란 성공을 거둘 가능성이 없기 때문이다.

어떤 OS를 선택할 것인가? 또는 통신 사업이라면 어떤 통신 방법을 선택할 것인가? 일시적으로 그 시장이 빨리 확대된다고 해서 절대로 메인 스트림이 될 수 없는 규격을 선택해서는 안 된다. 일시적으로는 시장 점유율을 끌어올려 브랜드 이미지가 올라갈지는 모르지만, 그것으로 인하여 뼈아픈 실패를 맞게 될 것이다. 영원히 틈새가 될 시장에 목숨을 걸고 있기 때문이다. 그런 전략상의 실패를 범해서는 안 된다.

침몰하는 산업, 지엽적인 사업을 해서는 안 된다. 나중에 메인 스트림이 될 사업을 선택해야 한다. 싸게 인수할 수 있고, 쉽게 진입할 수 있다는 판단으로 사업을 하게 되면 자기 회사를 틈새시장, 지엽적인 시장으로 밀어 넣어 버리는 잘못을 범하게 된다.

지금은 작더라도 나중에 메인 스트림이 될 사업, 또는 지금은 아니지만 자신이 시장 판도를 바꿔 메인 스트림으로 만들 자신이 있는 사업이라면 해도 좋다.

패배 의식에 젖어 있던 보다폰 재팬을 그 상태로 두면 침몰할 사업이었지만, 대대적인 개혁을 가한다면 업계 넘버원이 될 수 있다는 자신감이 있었기 때문에 결단을 내려 회사를 인수한 것이다. 싸기 때문에, 인수가 용이하기 때문에 시작한 사업이 아니었다.

【공 攻】
"모든 분야에 있어 공격력을 갖추라."

「공(攻)」이라는 글자의 의미에 대해서는 모두 잘 알고 있으리라고 생각한다. 그러면 여러분은 나의 후계자로서 몸에 익혀야 할 공격의 기술, 그것은 무엇이라고 생각하는가?

"결단력이다."
"무기를 가지는 일이다."
"가장 큰 시장을 공략하는 일이다."
"마케팅 감각이라고 생각한다."
"다른 기업이 흉내낼 수 없도록 선수를 치는 일이다."
"행동력이라고 생각한다."

여러 가지 의견들이 나왔는데 영업, 기술, 인수, 신규 사업…. 이는 모두 공략한다는 의미를 내포하고 있다. 벤처 기업가나 신규 사업 창업자 중에는 대체적으로 공격력이 강한 사람이 많다. 영업을 시키면 단연 1등을 하고 기술에 대해서도 상당히 강하다. M&A를 과감하게 추진하기도 하고, 신규 사업에도 상당히 적극적인 이들은 모두 공격력이 강한 사람들이다.

공격은 최대의 방어라고 이야기하는데, 특히 리더는 스스로 누구에게도 지지 않는 공격력을 가지고 있지 않으면 조직을 원활하게 이끌기 어렵다. 기술에 대해서도 박식해야 하고, 영업을 시켜도 천하 제일, 교섭을 시켜도 설득력이 있어야 한다. 그런 능력을 두루 몸에 익혀야 한다.

따라서 한 부분만을 알아서는 안 된다. 영업은 잘 아는데 기술에 대해서는 잘 모른다면 진정한 공격력이 있다고 말하기 어렵다. 리더 자신이 문무를 모두 갖추고 있어야 한다. 특히 우리와 같은 IT 업계는 기술 진보가 상당히 빠르기 때문에 진정으로 강한 영업력 및 협상력을 몸에 익히기 위해서는 무엇보다 기술에 대한 깊은 통찰력이 필요하다.

다음에는 무슨 일이 일어날 것인가? 3년 후, 5년 후의 기술은 어떻게 될 것인가? 미래를 읽어야 한다. 리더가 되고자 하는 사람은 공격력을 철저하게 습득해야 한다.

우리 소프트뱅크 그룹은 항상 선행, 선수를 치는 공격력으로 지금까지 성장해 왔다는 점을 깊이 인식해 주길 바란다.

【수 守】 "항상 「금(金:자금)」과 「정의(正義)」가 준비되어 있어야 더 많은 공격이 가능하다."

다음은 「수(守)」이다.

이 글자가 우리 회사에 있어 어떤 의미를 가지고 있다고 생각하는가?

"미련없이 끊어 버리는 일이라고 생각한다."

훌륭한 대답이다.

"자사 제품을 타사에서 모방할 수 없도록 지키는 것이다."

기밀을 지키는 일….

"사회적 규범 준수라고 생각한다."
"멈추지 않는 일. 계속 움직이는 것이라고 생각한다."
"캐시 플로우라고 생각한다."

역시 여러분은 대단한 인재들이다. 여러분의 대답은 모두 맞는 말이다. 하지만 대표적인 「수(守)」의 요소를 들자면 역시 캐시 플로우이다.

우리 회사는 오랫동안 "그렇게 공격적인 경영을 해서는 자금이 돌아가지 않을 것이다. 곧 망할 것이다"라는 소리를 수도 없이 많이 들어왔다. 최근에는 그런 소리가 많이 줄어 들었다. 하여간 여기서 여러분에게 분명하게 말해 두고 싶은 것은 소프트뱅크는 이제 돈이 제법 쌓이기 시작했으니 안심하라는 것이다. (웃음).

코스트 삭감, 투자 효율화, 규범 준수, 감사, 보도 리스크. 일일이 열거하자면 끝이 없겠지만 벤처 회사가 도산하는 요소의 대부분은 자금, 즉「수(守)」때문이다. 창업자는 모두 공격력이 강하다. 영업력이나 기술 때문에 망하는 경우는 극히 적다. 수비가 약해 도산하는 것이다.

자금, 경리, 관리 때문에 도산하는 경우가 가장 많다. 사원이 20~30% 퇴사한다고 해서 도산하는 경우는 거의 없다. 매출이 20% 떨어져서 망하는 경우도 거의 없다. 도산의 직접적인 원인은 대부분 자금 때문이다.

공략을 위해서는 돈이 필요하다. 따라서 자금을 잘 관리하면서 공략해야 한다. 다시 말해 공격적인 경영을 하지 않으면 캐시 플로우 때문에 망하는 경우는 없다. 자기 역량에 맞게 경영을 한다면 적어도 자금이 원인이 되어 도산할 일은 없다. 자기 역량을 넘어서는 새로운 도전을 하려고 할 때는 자기가 가지고 있는 자금 이상의 돈을 쏟아 붓지 않으면 안 된다. 거기서부터 자금 회전에 문제가 생긴다.

소프트뱅크 그룹은 앞으로 4년 후부터는 실질 무차입금 경영을 실현할 것이다. 이자 부담 제로 회사가 될 것이라고 이미 선언했다. 내가 사장으로 있는 동안에 무차입 경영이 실현될 것이며, 이는 향후에도 그렇게 유지될 것이다. 은행과 관행적인 일부 차입금은 유지하더라도 그것을 상회하는 예금을 가진다는 뜻으로 실질 무차입금 경영이 실현될 것이다.

따라서 여러분이 내 후계자가 될 때에는 새로운 차입금은 전혀 없는 상태인 것이다. 하지만 회사는 항상 공격적인 경영 기조를 유지해야 한다. 어떻게 차입금 없이 공격 경영을 할 것인가? 나아가 어떻게 그룹의 사세를 지속 확장할 것인가? 그 방법에 대해서 여러분은 충분한 고민을 해야 한다. 여러분의 숙명적 과제이기도 하다.

「수(守)」에는 자금 회전 외에도 법령상의 리스크 관리도 중요하다. 사회적 규범 준수 때문에 회사가 크게 잘못되는 경우도 있으므로 위법적인 일은 절대 해서는 안 된다.

현시점에서 위법하지 않다고 하더라도 법률은 시시때때로 바뀐다. 나라에 따라서도 법이 다르다. 따라서 올바른 일 이외에는 해서는 안 된다. 언제나 틀림이 없는 정의로운 일만을 한다면 법이 바뀌더라도 나라가 바뀌더라도 「수(守)」가 무너지는 일은 없다.

많은 대기업들이 관리 감독관청으로부터 낙하산 인사 청탁을 받고 있다. 그것은 현행법상으로는 위법은 아니다. 하지만 30년 후, 50년 후 사람들로부터 그들은 타누마 오키쯔구였다는 소리를 들을 수 있다. 오키쯔구는 뇌물 정치로 유명한 도쿠가와 막부의 가신으로 당대의 법에 직접 저촉되는 일을 하지는 않았다. 하지만 역사 교과서에는 지금도, 앞으로도 '뇌물 정치의 오키쯔구'라고 기록될 것이다.

다나카 가쿠에이도 수상 시절 당시에는 정치가라면 그 정도의 청탁은 받고 또 할 줄 알아야 한다고 치부되던 시절이었다. 하지만 나중에 법이 바뀌어 그레이 존이 점점 좁아지면서 그것은 '위법이다'라고 재해석되는 바람에 결국 실각하였다.

우리를 감독하고 있는 관청의 낙하산 인사를 받아들인다고 하는 것은 인적 뇌물, 그 이상도 이하도 아니다. 지금의 법률로는 위반이 아니더라도, 후세 사람들 또는 동시대의 시민들이 보고 잘못이라고 생각하는 일은 하지 말아야 한다.

「수(守)」에 대해서는 모두 사려 깊고 신중하게 고민해야 한다고 생각한다.

【군 群】 "300년 후까지 높은 뜻을 추구하는 기업이 되기 위해서는 동지적 결합, 전략적 시너지를 가진 기업 집단을 만들어야 한다."

다음은 「군(群)」이다. 나는 자주 군전략이라는 말을 쓰고 있는데 여러분은 이것은 어떤 전략을 의미한다고 생각하는가?

"우수한 인재, 우수한 기업과 손을 잡는다는 의미이다."

우수한 곳과 연합한다….

"무리를 이루어 일환이 되는 일이다."

일환이 된다. 좋은 해석이다.

"동지적 결합을 의미한다."

이 「군(群)」이라는 표현은 「신 30년 비전」 중에서 중요한 키워드로 꼽은 단어로서 여러분들도 잘 이해하고 있다고 생각한다.

30년 이내에 5,000개 이상의 회사와 동지적 결합, 전략적 시너지 그룹을 만든다. 각자 자립경영을 하고, 분산되어 있지만 긴밀한 협조 체제를 가진 그런 기업 집단을 만든다. 즉 멀티 브랜드, 멀티 비즈니스 모델로 결합한다는 의미다. 물론 자본적 결합은 하지 않지만, 자율성을 가진 군전략으로 경영하겠다고 선언하였다.

그런 「군(群)」을 형성하지 않더라도 30년은 회사가 잘 유지될 것이다. 하지만 300년은 지속되지 못한다. 성장력이 떨어지기 때문이다. 이러한 전략은 우리 회사만이 추구하는 독특한 전략으로 세계의 어느 그룹과도 결정적으로 다른 조직 구조이며 조직 전략이라고 생각한다.

30년 만에 피크를 맞이하는 회사를 목표로 한다면 싱글 브랜드, 싱글 비지니스 모델이 오히려 가장 효율이 좋다. 하지만 마이크로소프트조차 성장이 정체되고 있다. 인텔도 이미 성장이 멈추었다. 50년 후, 100년 후를 내다볼 때 나는 싱글 브랜드 = 싱글 비지니스라는 등식은 위험하다고 생각하고 있다.

4. 智·信·仁·勇·嚴
   – 리더의 마음 가짐

【지 智】
"리더라면 전문가와 논쟁할 정도의 사고력을 길러야 한다."

 지·신·인·용·엄, 다섯 글자는 여러분이 리더로서 지녀야 할 마음가짐을 나타내는 키워드이다.
 먼저 「지(智)」이다. 우리 회사에 있어서 여러분에게 이 「지(智)」라는 단어는 어떤 의미를 가지는가?

"지혜를 짜내는 일이다."

 좀 더 구체적으로 말한다면?

"상대를 아는 일이다."
"노하우라고 생각한다."
"테크놀로지라고 생각한다."

 여러분에게 그리고 우리 회사에 있어서 「지(智)」라고 하는 것은 생각하는 힘이다. 구체적으로는 글로벌 협상력, 프레젠테이션 능력, 테크놀로지에 대한 깊은 통찰력, 파이낸스에 대한 이해와 분석력, 이 모든 것을 갖추지 못한 사람은 리더로서 자격이 부족하다. 이러한 것은 리더들에게 있어 영원한 과제이다.

충분한 「지(智)」란 사실 있을 수 없다. 영업력 한 가지만으로는 안 된다. 기술력 한 가지만으로도 안 된다. 그것만으로는 장기로 치면 차나 포는 될 수 있어도 왕은 될 수 없다. 즉 뛰어난 한 가지 재주만으로는 리더가 될 수 없다는 뜻이다.

리더는 균형 잡힌 지적능력을 가지고 있어서 한쪽으로 치우침이 없어야 된다. 또한 어떤 일이든 대충 알아서는 안 된다. 각 분야에서 가장 우수한 전문가와 격렬하게 토론할 수 있는 정도의 능력을 가지고 있어야 한다. "그것에 대해서는 담당 임원에게 물어봅시다"라고 아무렇지도 않게 말하는 리더는 리더로서 자격이 없다.

물론 경우에 따라서는 전문가를 활용해야 한다. 하지만 전문가에게 전적으로 의지하는 것과 활용하는 것은 전혀 다른 이야기다. 직접 하라고 하면 본인이 얼마든지 할 수 있지만, 자신은 다른 여러 가지 일을 동시에 해야 하는 만큼 자신과 동등하거나 그 이상 능력이 있는 사람을 활용해야 한다. 그런 능력을 길러야 한다.

최고 수준의 전문가를 활용하지 못한다면 이 또한 진정한 리더가 아니다. 따라서 진정한 리더가 되려면 정말로 공부를 치열하게 많이 해야 한다.

【신 信】
"리더에게는 모든 사람들이 믿고 따를 만한 신의가 있어야 한다."

다음은 「신(信)」이다. 이것은 무슨 뜻이라고 생각하는가?

"기대에 부응하여 신뢰를 얻는 일이다."

신뢰….

"신념을 관철시키는 일이다."

신념….

"자신을 완전하게 믿는 일이다."
"지속적으로 생각한다는 의미와 성취할 수 있다는 믿음이다."
"동료를 믿는다는 의미이다."

자신을, 뜻을, 동료를 믿는 일. 모두 정답이다. 신의, 신념, 신용, 이런 것을 가지고 있지 않으면 동지적 결합을 할 수 없다. 파트너십을 맺을 수 없다.

동지적 결합을 하려고 할 때 저 사람은 대단한 능력은 가지고 있지만, 속일 수도 있을 것 같다. 그렇게 보여지는 사람에게는 아무도 다가서지 않는다. 저 친구는 돈을 가지고 있다. 저 친구는 기술을 가지고 있다. 하지만 어느 순간 배반할 것 같은 생각이 든다. 그렇게 되어서는 2, 3개 회사는 모을 수 있을지 모르나, 5,000개 회사를 모으기는 무리다.

따라서 신의가 두텁다는 것은 대단히 중요한 일이다. 서로 신뢰 관계가 생기려면 먼저 상대를 믿어 주어야 한다. 또한 평소 자신이 상대로부터 신뢰를 받을 만한 일관된 언행을 해야 한다. 이런 관계가 쌓이고 쌓여야 겨우 좁쌀만 한 크기의 신뢰가 생긴다.

좁쌀을 밤톨로 만들고 밤톨을 보름달만 하게 만들어야 상대의 마음에 확고한 신뢰가 쌓인다. 서로에게 그런 강한 신념, 신뢰가 쌓여야 비로소 사업 파트너의 관계를 넘어선 상호 존경하는 신의가 생기게 된다.

【인 仁】

"리더에게는 모든 사람을 아끼는 마음이 있어야 한다."

「인(仁)」. 이것은 무슨 뜻이라고 생각하는가?

"상대를 배려하는 마음, 인애, 인덕이다."

바로 그렇다. 이것은 인의(仁義)의 인이 아니라, 인애(仁愛)의 인이다.

우리는 지금 무엇을 위해 정보혁명을 하려고 하는가? 사람들을 행복하게 하기 위해, 즉 인애에 그 기반을 두고 정보혁명을 하고 있는 것이다. 그것이 우리 일의 본질이다.

여러분은 우리 일의 근본적인 본질을 잊어서는 안된다. 누구보다 리더 자신에게 깊은 인애가 있을 때 정보혁명은 원활하게 완수된다고 생각한다. 또한 리더가 인애를 가지고 일을 할 때, 부하 사원도, 고객도 행복한 회사가 된다고 생각한다.

【용 勇】

"리더에게는「물러설 각오」를 할 수 있는 용기가 있어야 한다."

다음은「용(勇)」이다. 이것은 무슨 뜻이라고 생각하는가?

"자신보다 강한 상대에게 용기를 내서 그와 겨루겠다고 결단하는 것이다."
"싸우는 용기도 필요하지만, 퇴각할 용기도 필요하다고 생각한다."

퇴각하는 용기….

"용감하게 행동한다는 의미이다."

용감한 행동….

"최악의 사태를 각오한다는 의미다."

각오한다….

그렇다. 싸울 용기, 임전무퇴의 각오, 퇴각할 용기. 모두 정답이다.

여러 번 강조한 바 있지만, 퇴각할 때는 시작하는 것의 10배의 용기가 더 필요하다. 다시 한번 강조하지만 이것은 정말로 중요한 리더의 자질이다. 퇴각할 용기가 없으면 회사가 망할 수 있다. 나라가 망한다.

퇴각하는 것은 공격하는 것보다 10배는 어렵다. 누구나 실력이 갖추어져 있을 때만 공격을 하기 때문에 상대적으로 많은 용기와 각오가 필요 없지만, 퇴각할 때는 엄청난 용기가 필요하다. 퇴각을 하게 되면 주위로부터 엄청 비난을 받는다.

그것을 견뎌내는 신념과 용기가 있는 사람에게만 공격하는 용기도 있는 것이다. 이것이 없으면 공격할 수 없다. 공격을 하더라도 패배할 가능성이 높다.

누구에게나 퇴각전은 정말로 두렵다. 보통 2, 3회 실패하게 되면 더 이상 싸울 엄두를 못 낸다. 아예 전의를 상실하는 것이다.

나는 여러 번 퇴각전을 경험했다. 퇴각할 때 가장 중요하게 생각한 것은 손을 쓸 수 없는 상황이 되기 전에 물러난다는 것이었다. 이것이 무엇보다 중요하다. 다시 한번 강조하지만 '퇴각할 때는 신속하게'라는 말을 머릿속에 각인해 두어야 한다.

퇴각의 결단은 TOP만이 가능하다. 공격할 때는 용기 백배인 군사들을 잘 격려만 해주면 알아서 각자 전진하지만, 퇴각은 TOP만이 결단할 수 있다. TOP이 혼자서 온갖 책임을 감당할 각오가 없으면 불가능하다. 부하 탓을 해서는 절대 안 된다.

    리더는 퇴각에 대해 스스로 반성하고 실패를 책임지려는 각오가 있어야 한다. 저 친구가 잘못했다고 다른 사람 탓을 하는 사람에게 부하들이 따라올 리가 없다. 리더로서 이러한 태도, 자세를 반드시 몸에 익혀 두기를 바란다.

【엄 嚴】
"리더는 경우에 따라 애정을 지닌 악마가 될 수 있어야 한다."

    「엄(嚴)」. 이것은 무슨 뜻이라고 생각하는가?

"올바른 일은 상대에게도 옳다고 말할 수 있는 엄격함. 그렇게 하기 위해 자신에 대해서도 엄격해야 한다는 의미라고 생각한다."

    상대방은 물론 자신에 대해서도 엄격해야 한다….

"자기 자신에 대해서 가장 엄격해야 된다는 의미이다."

    자신에 대해 철두철미한 엄격함….

"읍참마속하는 엄격함이라고 생각한다."

울면서 마속의 머리를 치는(「삼국지」의 고사로 제갈량이 군의 규율을 지키기 위해 아끼던 부하 마속을 참했다고 하는 일화) 그런 일은 인애가 있어야, 정말로 깊은 애정이 있어야 비로소 가능한 일이다.

단지 차가운 마음에서 나오는 엄격함으로는 부하가 따르지 않는다. 몇 천, 몇 만 명, 수십만 명이나 되는 부하가 따르지 않는다. 엄청 엄격하더라도, 무지하게 야단을 치더라도 마음속에는 누구보다도 따뜻한 애정이 있는 그런 리더라면 부하는 따르게 되고 그래야 부하를 단련하고 조직을 단련할 수 있다.

진정한 리더가 되기 위해서는 때로는 악마가 돼야 한다. 열렬한 악마가 되어야 한다. 자기 자신에 대해서도, 가장 신뢰하는 부하에 대해서도 엄한 악마가 되어야 한다. 단, 그것은 마음속 깊은 곳에 상대를 사랑하는 애정이 있다는 전제에서 말이다. 그렇지 않으면 부하는 따르지 않게 되고 등을 돌리게 된다.

물에 물 탄 듯, 술에 술 탄 듯한 리더여서는 조직이 해이해진다. 결국에는 타락하게 된다. 따라서 진정한 리더는 선이 굵고 분명해야 한다고 생각한다.

5. 風·林·火·山·海
   – 싸움의 기술

【풍 風】【림 林】【화 火】【산 山】
"전쟁의 정석, 전략의 왕도."

다음은 「손자 병법」에 나오는 「風·林·火·山」이다. 이 글자들은 다케다 신겐이 그의 군기로도 사용했다. 여러분도 그 의미에 대해서는 잘 알고 있을 것이다. 혹 잘 모르는 사람은 앞으로 강의에 굳이 나오지 않아도 된다. (웃음).

잘 모르면 책이나 인터넷을 검색해서 그 의미를 이해해 두기 바란다.

우선 「풍(風)」에 대한 의미이다. 야후 재팬 설립에서부터 보다폰을 인수하기까지 겨우 10년이 걸렸다. 즉 「풍(風)」은 일을 도모함에 있어 바람처럼 민첩하게 움직이고 실행해야 한다는 의미이다.

그리고 「림(林)」. 조용하게 극비리에 일을 도모한다는 의미를 담고 있다.

야후 재팬이 구글과 제휴할 것이라고 생각한 사람은 아마도 아무도 없었을 것이다. 생각하고 있었다고 하더라도 반년 이상 전부터 협상하고 있었다는 사실은 몰랐을 것이다. 당연한 일이다. 극비로 추진했기 때문에 거의 아무도 몰랐던 것이다. 우리는 사실 반년간 거의 매주 협상하고 있었다.

아이폰도, 도코모가 판매할 것이다. 아니 au일 것이다라고 매스컴에서 연일 보도하고 있었다. 수면하의 협상, 정보 컨트롤은 철저하게 「림(林)」과 같이 조용히 실행해야 한다.

또한 한번 움직일 때는 「화(火)」와 같이 전광석화처럼, 혁명적으로 해치워야 한다.

또한 움직이지 않을 때는 「산(山)」과 같이 미동도 하지 말아야 한다. 소프트뱅크의 사업 영역은 정보산업이다. 그 외에는 손을 대지 않는다. 그게 바로 산(山)의 의미이다

【해 海】
"싸움의 진정한 목적은 평화에 있다."

그리고 마지막으로 남은 한 글자가 나의 오리지널이다.
「해(海)」에는 무슨 의미가 있다고 생각하는가?

"싸움에서 이기고 난 후 상대방을 감싸안는다는 뜻이다."

단번에 정답을 맞히는 것을 보니 이미 모두 답을 알고 있었다는 것이네. (웃음). 하지만 모두 열심히 공부하는 여러분을 보니 기분이 좋다. 모두 훌륭하다.

「풍림화산」 전략으로 싸우고 나면 온 대지는 불타고 전사한 병

사들의 시체가 여기저기 방치되는 등 세상이 온통 피폐해지게 마련이다. 그렇게 끝내서는 싸움이 끝난 것이 아니라고 생각한다.

싸움이 끝나고 나서 해(海), 바다와 같이 모든 것을 끌어안는 조용하고 평화로운 상태가 되어야 비로소 싸움이 완결된다.

불탄 대지를 그대로 방치해 두면 또 어디선가 불씨가 살아날지도 모른다. 또한 하극상이 일어날 수도 있다. 그렇게 되면 세상이 안정되지 못하고 전쟁의 혼란한 상태가 지속되는 것이다.

따라서 마지막으로 조용하고 넓은 해(海). 바다를 만들어야만 비로소 전쟁에서 완벽하게 승리했다고 할 수 있다. 「손자」에서는 뢰(雷), 즉 우뢰처럼. 영(影), 그림자처럼 등 다른 표현을 쓰고 있는데, 나는 그것보다는 해(海), 바다처럼 전쟁을 끝내는 것이 싸움에서 진정으로 승리하는 의미에 적합하다고 생각하고 멋대로 버전업한 것이다. 손자는 이제 세상에 없으니 꾸중 들을 걱정도 없고. (웃음).

이상이 내가 만든 「손의 제곱의 병법」 이다. 오늘 여러분과 오랜 시간 이야기했으나, 1회만으로 이해했다. 납득했다고 생각해서는 안 된다. 나는 수천 권의 책을 읽고 수많은 경험을 하고 다양한 시련을 겪어 왔다.

나는 그런 바탕 위에서 내가 무슨 일을 하든 이 25글자에 이르게 된다면 진정한 리더가 될 수 있을 것이다. 진정한 통치자가 될 수 있을 것이라고 아직도 마음속으로 생각하고 있다. 따라서 이 25글자를 몸에 익히는 일이 결코 쉬운 일이 아니라고 생각한다.

10년, 30년, 100년에 걸쳐 그 의미를 깨닫고 마음에 담아 실천

해야 비로소 진정한 리더가 될 수 있다고 생각한다. 나 자신도 아직 완벽한 수준에 도달했다고 생각하지 않는다. 여전히 만족하고 있지 않다. 아직 도중에 있다고 생각한다.

앞으로 여러분은 이 25글자의 병법을 지금부터 다양한 상황 속에서, 현장에서 그 응용편을 만들어 나가길 바란다. 아이디어를 수렴할 때나, 프레젠테이션, 중요한 회의, 그런 곳에서 자주 활용했으면 좋겠다. 진정한 의미에서 병법을 몸에 익혀 주길 바란다. 그리고 그런 과정을 통해 제대로 된 나의 후계자가 되어 주길 진심으로 바란다.

후계자 후보는 소프트뱅크 그룹 내외를 불문하고 폭넓게 모집하고 있다. 큰 뜻을 달성하기 위해서는 작은 그릇으로는 안 된다. 높고 뛰어난 뜻있는 장군을 모집해야 한다. 문호는 항상 외부에도 열려 있다.

앞으로 내 후계자가 된 사람은 평균 10년 정도 일을 하게 될 것이다. 중간에 퇴임할 가능성도 있지만, 10년에 기업 가치를 5배 늘린다는 각오로 일을 해 주었으면 좋겠다. 그런 사람이 아니면 내 후계자로서 자격이 없다. 그 대신 후계자에게는 기업 가치를 배로 올릴 때마다 스톡옵션으로 100억 엔을 지급할 생각이다. 5배 늘리면 500억 엔이 된다. 경영의 TOP으로 10년간 열심히 일하면 개인적으로 400억 엔을 받을 수 있다는 이야기다.

기업 가치를 5배 이상 늘릴 자신이 없는 사람이 후계자가 되어서는 곤란하다. 우리 그룹의 리더로서는 적합하지 않다. 나도 10년에 5배 이상은 하고 있다. 그렇게 하려면 무엇을 해야 하는가?

어떤 수를 써야 하나? '아직 준비가 덜된 채 사장이 되었다'고 절대 말하지 말라.

오히려 내일부터 아니 오늘부터 자신은 소프트뱅크의 사장이라고 생각하라. 내가 사장이라면 이렇게 해서 기업 가치를 5배로 올리겠다. 그 방법을 지금부터 쉼 없이 연구하라.

앞으로 여러분들이 회사에 구체적인 비전, 전략, 사업 도메인, 자금, 기술, 모든 각도에서 구체적인 제안을 해주었으면 좋겠다. 자신 있게 그런 제안을 할 수 없는 사람은 아예 리더가 되어서는 안 된다. 괜히 부하 사원을 곤란하게 할 사람이기 때문이다.

항상 고민하고 또 고심하라. 적어도 나는 항상 고민하고 있다. 그런 집념, 신념, 이것이 없으면 리더가 될 수가 없다.

모두 높은 뜻을 가지고 열심히 노력해 주기를 바란다.

제 2 부

리더를 위한 의사결정 비법

《질문 1》

- 업계 넘버원인 메이커와 독점 판매 계약을 체결하기 위해서는 자기 자본금의 몇 배에 해당하는 거액의 자금이 요구된다.
- 당신이 리더라면 어느 쪽을 선택할 것인가?

선택 1	어떻게 하든지 자금을 조달하여 계약을 체결한다.
선택 2	계약하지 않고 그 자금을 다른 많은 회사와의 거래에 사용한다.

나의 선택과 이유

손의 선택

어떻게 하든지 자금을 조달하여 계약을 체결한다.

"나는 자금을 조달하여 허드슨과 계약을 체결하였다. 도매상으로서 가장 유력한 입지를 확보하기 위해 계약을 체결한 것이다."

오늘 참석한 사람들 중 40% 정도는 계약을 체결하지 않겠다고 대답하였는데, 나의 선택은 '계약을 한다'이다. 허드슨과 독점 계약이 그 좋은 사례다. 소프트뱅크가 PC 소프트웨어 도매, 즉 도매상으로 막 사업을 시작할 당시의 이야기로 초기 자본금은 1,000만 엔, 매출은 거의 제로였던 시절이다.

독점 계약을 하는 데 있어 상대에게 우리 회사의 전략, 사업에 대한 열정을 어필하는 일을 포함하여 기타 검토해야 할 사항이 수도 없이 많았다. 하지만 가상 큰 문제는 '1주일 뒤 현금으로 5,000만 엔의 계약금을 준비해야 한다'는 조건이었다.

자기가 가지고 있는 자본금의 5배의 돈을 조달하여 소프트뱅크 창사 이래 최대 거래처를 확보할 것인가, 말 것인가 하는 커다란 선택의 기로에 놓였던 것이다.

도매상 입장에서 보면 자기 회사에 상품을 공급해 주는 메이커가 많을수록 취급 상품이 많아지기 때문에 비즈니스에 성공할 가능성이 높아진다. 거꾸로 메이커 입장에서 보면 자기 도매상이 많은 판매처를 확보하고 있지 않다면 중간 마진을 지불하면서까지 상품을 공급할 이유가 없다. 그럴 바에는 메이커가 직접 판매업자와 계약하는 것이 오히려 득이다.

'당신들이 직접 판매하는 것보다 우리를 통해서 판매하는 것이 더 많은 양을 판매할 수 있다'고 설득할 수 없다면 도매상의 입지는 없어지는 것이다.

그렇다면 소매업자, 유통업자 입장에서 보면 어떠한가? 새롭게 막 사업을 시작한 도매상인데, 인기 상품이 없다면 굳이 그 도매상과 거래할 의미가 없다.

즉 많은 매입처와 판매처, 이것은 닭과 계란의 관계이다. 그중 어느 쪽을 단번에 장악하기 위해서는 업계 넘버원 메이커인 허드슨의 독점 판매권을 획득해야만 했던 것이다.

가장 유력한 메이커의 독점 판매권을 가지고 있는 도매상이 있다면 판매점은 그곳에서 상품을 매입하지 않고는 차별화된 영업을 할 방법이 없다. 거래처를 단번에 늘릴 수 있는 포지션, 우리에게는 그것이 독점권이었던 것이다.

* 1981년 설립된 일본 소프트뱅크는 같은 해, 관서의 대형 가전 전문점인 조신 전기와 소프트웨어 도매 계약을 체결하고, PC 소프트웨어 업계 최대 메이커인 허드슨과 독점 계약을 맺는다. 그후 2년 만에 소프트뱅크는 일본 내 PC 소프트웨어 도매 시장의 80%를 차지하게 된다.

거래량이 적더라도 회사를 운영하기 위해서는 일정한 고정비가 든다. 가령 월 500만 엔의 고정비가 들 때, 수입 없이 허송세월을 보내게 된다면 10개월 후 5,000만 엔이 사라지게 된다. 그보다는 지금 5,000만 엔을 지불하더라도 지금 당장 독점권을 확보하는 것이 유리하다는 판단을 했던 것이다.

또한 그 5,000만 엔은 매입을 위한 선급금의 형태로 계약을 했다. 어찌되었든 상품 매입을 위해서는 매입 대금을 지불해야 하기 때문이다.

언젠가는 사용할 돈을 미리 지불하고 잘만 하면 그 돈은 수익을 창출하게 된다. 물론 잘못된 투자가 될 경우 리스크를 져야 하지만, 나의 경우는 무리를 해서라도 5,000만 엔을 조달해서 독점권을 확보했던 것이다.

손의 병법

일(一). "넘버원만이 할 수 있는 역할이 있다."

이념	도(道)	천(天)	지(地)	장(將)	법(法)
비전	정(頂)	정(情)	략(略)	칠(七)	투(鬪)
전략	**일(一)**	류(流)	공(攻)	수(守)	군(群)
마음가짐	지(智)	신(信)	인(仁)	용(勇)	엄(嚴)
전술	풍(風)	림(林)	화(火)	산(山)	해(海)

의사결정 Point

*1부 '손의 제곱의 병법'의 요점을 정리.

　압도적인 넘버원이 되어야 비로소 그 업계의 플랫폼이 될 수 있다. 업계 표준, 독점적 표준이란 바로 압도적 넘버원을 의미한다. 압도적인 넘버원이 아니면 그 비즈니스 모델은 시간이 지남에 따라 경쟁력을 잃게 된다. 결국 수익이 나지 않게 된다.

《질문 2》

- 갑자기 큰 병으로 쓰러졌다. 요양에 전념하지 않으면 목숨을 보장할 수 없다. 어떻게 대응하는 것이 좋은가?
- 당신이 리더라면 어느 쪽을 선택할 것인가?

선택 1 요양에 전념하여 조기에 복귀한다.

선택 2 병든 몸으로라도 경영에 전념한다.

나의 선택과 이유

손의 선택

요양을 하면서 경영에도 일부 참여하였다.

"입원은 하였으나, 병원을 탈출하여 회사의 중요한 회의에 참석하여 의사결정을 하였다."

여러분의 2/3 정도는 "요양에 전념하여 조기에 복귀를 한다"고 답하였는데, 이 질문 또한 정답이 하나는 아니라고 생각한다. 나의 경우는 그 둘을 절충한 것이었다. 1982년에 만성 간염 판정을 받고, 5년 후 간경화로 발전할 가능성이 높다는 의사의 선고를 받았다. 당시 만성 간염은 따로 특별한 치료법이 확립되어 있지 않아 간경화가 간암으로 발전될 가능성이 높았다.

적어도 바로 입원은 하였다. 의사에게 선고받고 나서 망설임 없이 다음 날 바로 입원하였다. 결단은 빨랐던 것이다.

하지만 입원한 채로 있으면 회사가 망할 것 같았다. 회사가 망하게 둘 수는 없었다. 나는 우선 치료를 하기 위해 회장직에서는 물러났지만, 그래도 3일에 한 번은 병원에서 나와 임원 회의나 내가 직접 하지 않으면 안 될 사업 부문의 의사결정을 해야 할 곳에는 참석하였다. 그 외에는 치료를 최우선한다는 것이 투병에 대한 나의 기본 생각이었다.

하지만 처음에는 훌쩍훌쩍 울기도 했다. 슬프고 괴로웠기 때문이다. 하지만 몇 개월의 시간이 지나자 '만약 병이 치료된다고 하더라도 평생 이렇게 나만의 시간을 충분히 가지는 것은 처음이자 마지막일 것이다.', '지루할 정도로 많은 시간을 가지고 지낼 기회는 다시는 없을 것이다'라는 생각이 들어 마음을 고쳐먹었다.

　시간을 유효하게 활용하려고 3,000여 권의 책을 읽었다. 그렇다고 딱딱한 책만 읽은 것은 아니고 반은 만화책이었지만. (웃음). 하지만 만화라고 하더라도 역사물이나 재미있으면서 도움이 되는 책이 많았다. 여하튼 그때 내가 살아오면서 가장 많은 책을 읽었다. 「손의 제곱의 병법」도 그때 만들어진 것이다.

*「손의 제곱의 병법」은 「손자(孫子)」와 「란체스터의 법칙」에서 영향을 받아 손정의가 창안한 매니지먼트 및 경영 전략에 대한 사고법. 「손자」에서 차용한 글자에 손정의가 스스로 단어를 추가한 25개 글자로 구성된 문자판으로 손정의의 경영 지침을 나타내고 있다. 본서의 제 1부에 자세히 설명되어 있다.

*손자 병법 : 고대 중국의 병법서로 원본은 춘추전국시대 손무가 쓴 것으로 알려져 있다. 현재까지 전해지는 손자 병법은 조조가 원본을 요약하고 해석을 붙인 위무주손자 13편이 남아 있다. -역자주-

*란체스터의 법칙 : 영국의 수학자이면서 공학자인 윌리엄 란체스터가 세계대전의 공중전 결과를 분석하면서 발견한 이론으로 전력상 차이가 있는 양자가 전투를 벌인다면 원래 전력 차이의 제곱만큼 그 전력 격차가 더 커지게 된다는 것. 제 1법칙과 제 2법칙이 있다. -역자주-

이때는 비록 병원에 있었지만, 다양한 경영 분석이나 기획안 도출 등 원격지에서 할 수 있는 일은 충분히 병행하였기 때문에 결코 헛된 시간은 아니었다고 생각한다.

손의 병법

장(將). "장수 혼자서는 전쟁을 치룰 수 없다."

이념	도(道)	천(天)	지(地)	장(將)	법(法)
비전	정(頂)	정(情)	략(略)	칠(七)	투(鬪)
전략	일(一)	류(流)	공(攻)	수(守)	군(群)
마음가짐	지(智)	신(信)	인(仁)	용(勇)	엄(嚴)
전술	풍(風)	림(林)	화(火)	산(山)	해(海)

의사결정 Point

장(將)은 의사결정, 즉 결단을 내리는 사람으로 장수 없이는 싸움을 할 수 없다. 특히 큰 전투를 하거나, 혁명을 일으킬 때에는 뛰어난 장군을 많이 확보해야 한다. 대장은 물론, 뛰어난 사단장, 사령관 등 다양한 리더가 있어야 전쟁에서 승리할 수 있다.

《 질문 3 》

- 두 개의 주력 사업 중 하나가 대규모 적자. 적자 사업을 어떻게 할 것인가?
- 당신이 리더라면 어느 쪽을 선택할 것인가?

선택 1 — 부분적으로 철수한 뒤 재건한다.
선택 2 — 단념하고 완전히 철수한다.

나의 선택과 이유

손의 선택

부분적으로 철수한 뒤 재건한다.

"흑자 전환이 가능한 부분은 존속시키고 흑자 전환 가능성이 없는 부분은 한치의 망설임 없이 모두 철수한다."

참석한 여러분 의견은 거의 반반인데, 여기에 해당되는 예는 창업 초기 얼마 지나지 않은 때의 일이다. 당시 소프트뱅크는 소프트웨어 도매와 컴퓨터 관련 잡지 출판이 주력 사업이었다. 출판 사업은 처음 시작할 때는 고전을 면치 못하였으나, 점차 상승 곡선을 그려 8종의 잡지를 간행하기에 이른다.

*소프트뱅크는 82년 5월부터 NEC PC의 정보지 「Oh! PC」와 샤프 PC 정보 「Oh! MZ」를 간행. 그때까지 없었던 기종별 정보지인 「Oh!」 시리즈는 크게 인기를 끌어 한 때는 8종류의 잡지를 간행하기에 이른다.

그런데 어느 순간부터 1개 잡지를 제외한 모든 잡지가 적자 전환하였다. 무려 2억 엔의 적자였다. 심각한 상황이었다. 마침 그때는 내가 투병할 때로 회장직에서 물러난 시기이기도 했다. 마침 그런 때에 두 개밖에 없는 사업 중 하나를 접어야 하는가 마는가 하는 선택의 기로에 서게 되었다.

회의에서 나 이외의 모든 임원은 출판 사업은 완전히 철수하거나 매각을 해야 한다는 의견이었다. 나는 무슨 말도 안 되는 소리를 하느냐!라고 책상을 내리쳤다. 이 사업은 내가 온갖 죽을 고생을 하면서 제로에서 일구어낸 사업이다! 결국 5년 내에 죽는다는 선고를 받았던 내가 출판 사업 부장대행을 겸임하면서 출판 사업을 존속시키기로 결정하였다.

우선 각 잡지의 편집장에게 '3개월 이내에 흑자 전환을 못하는 잡지는 모두 폐간한다'고 선언하였다. 편집장들은 맹반발하였다. '잡지를 탄생시킨 부모는 사장이지만, 자식을 키운 부모는 우리들이다!'라는 논리를 펴며 모두 회사를 떠나려고 하였다. 나는 그들에게 잠깐 기다리라고 외치면서 이런 이야기를 하게 된다.

"내 자식이 불의의 교통사고를 당해 피를 많이 흘린 나머지 한쪽 다리를 절단하지 않으면 생명이 위태롭게 되었다. 엄마라면 그렇게 해서라도, 내 자식의 목숨을 구하는 선택을 할 것이다. 한쪽 다리를 위해 내 자식을 죽게 내버려 두어도 좋다고 하는 엄마가 어디에 있겠는가? 당신들이 지금 이야기하는 것은 거짓 애정이다. 나는 누구보다 출판사업을 사랑하고 있다. 그렇기 때문에 한쪽 다리라도 아니 두 다리라도 자르겠다는 애끊는 심정으로 내 자식을 살리려고 하는 것이다!" 편집장들을 불러 세워놓고 설득을 했다. 잡지별 손익 관리는 그들에게 맡겼다. 결과는 어떻게 되었겠는가? 반년 후 1개 잡지를 제외하고 모두 흑자 전환하였다. 적자를 낸 1개 잡지는 약속대로 폐간하였다.

하지만 폐간한 잡지의 직원들은 한 사람도 구조조정을 하지 않았다. 그들은 잡지『무크』를 창간하며 재기에 성공하였다. 그들은 그 성공의 여세를 몰아 계속 새로운 아이디를 내면서 커다란 성과를 거두었다. 배수의 진을 치고 부활하였다. 한 사람도 구조조정하지 않고 모두 흑자 전환하여 한때는 23종의 잡지를 간행하였다. 소프트뱅크 출판 부분의 대번영기가 찾아왔다.

  물론 즉시 철수하는 것이 차선책인 경우도 있다. 그렇더라도 어떤 사업이 커다란 적자를 낸 경우, 전체를 뭉뚱그려 보지 말고 정말로 전체가 문제인지를 반드시 일일이 직접 확인해 봐야 한다. 부패한 뿌리만 잘라 주면 남아 있는 뿌리에서 새로운 싹이 부활하는 경우도 있기 때문이다.

손의 병법

엄(嚴). "리더는 때로는 애정을 지닌 악마가 되어야 한다."

이념	도(道)	천(天)	지(地)	장(將)	법(法)
비전	정(頂)	정(情)	략(略)	칠(七)	투(鬪)
전략	일(一)	류(流)	공(攻)	수(守)	군(群)
마음가짐	지(智)	신(信)	인(仁)	용(勇)	엄(嚴)
전술	풍(風)	림(林)	화(火)	산(山)	해(海)

의사결정 Point

　진정한 리더가 되기 위해서는 자신에 대해서는 물론 때로는 가장 신뢰하는 부하에 대해서도 엄격해야 한다. 물에 물 탄 듯 술에 술 탄 듯 해서는 안 된다. 맺고 끊는 것이 분명해야 한다. 그래야 조직의 기강이 선다.

MEMO

《질문 4》

- 신뢰하고 있던 부하 사원이 배반하고 경쟁사로 가려고 한다.
- 당신이 리더라면 어느 쪽을 선택할 것인가?

선택 1 ─ 떠나는 자는 잡지 않는다.

선택 2 ─ 어떻게든 만류하여 떠나지 못하게 한다.

나의 선택과 이유

손의 선택

떠나는 자는 잡지 않는다.

"마음속으로는 만류하고 싶었지만, 그 방법을 몰랐다."

일을 하다 보면 가끔 이런 일이 생기는데, 믿고 있던 부하 사원이 나를 배신하고, 한발 더 나아가 적으로 변하는 경우가 있다. 경쟁 상대가 되는 것이다. 생각하기도 싫은 경우이다. 이런 경우 어떻게 할 것인가? 여기 있는 여러분들 중 70% 정도는 '잡지 않는다'고 대답하였는데, 나에게도 그런 일이 있었다.

소프트윙 사건이 그것이다. 이 사건은 어디에서도 이야기한 적이 없는, 심지어 소프트뱅크에 대해 심층 분석한 책에서조차도 언급된 적이 없는 이야기이다. 나에게는 두 번 다시 생각하고 싶지 않은 일이다.

*1986년 소프트뱅크에서 독립한 사원들 약 20명이 중심이 되어 아스키와 미쓰이 물산 등이 공동으로 출자한 소프트윙이라는 회사를 설립하였다. 이 회사는 소프트웨어 도매사업을 하는 회사로 그 후 소프트뱅크와 치열하게 경쟁하였다. 그러나 소프트윙은 1993년 카테나가 인수하여 1994년 흡수 합병함으로써 회사가 없어졌다. 또한 카테나는 2010년 시스템프로에 흡수 합병된 후, 시스테나로 회사명이 바뀌게 된다.

그 당시 소프트뱅크 임원으로 내가 가장 신뢰하고 있던 사람 중 한 사람이 그 사건의 중심이었다. 하지만 내가 입원하고 있던 시기에 입사한 사람으로 내가 직접 채용한 인물은 아니었다. 그가 20여 명의 직원들을 데리고 소프트뱅크를 떠났다. 그리고 소프트뱅크와 직접 경쟁하는 사업을 시작하였다.

수상한 움직임이 있다는 사실은 나도 중간에 보고를 받아 알고 있었다. 하지만 내가 직접 데리고 온 사람이 아니었기 때문에 무엇을 어떻게 하면 될지를 잘 몰랐다. 어떻게든 붙잡고 싶었다. 따라서 이번 질문의 선택지에서 본다면 나의 본심은 어떻게든 설득해서 떠나지 못하게 한다는 쪽이라고 생각한다. 하지만 만류할 방법이 없었다. 붙잡는 데에 한계가 있었다.

상당히 분하다는 생각도 했고, 부끄럽다는 생각도 들었다. 다시는 생각하고 싶지 않은 사건이다. 떠나는 자는 잡지 않겠다고 호기롭게 이야기하고 싶었지만 마음속으로는 매달리고, 읍소라도 해서 만류하고 싶었다. 하지만 말리는 데 내 능력의 한계가 있었.

그로부터 2, 3년간은 힘겨운 싸움을 해야만 했지만, 결국 그 회사는 없어졌다.

역시 나는 뜻이 중요하다고 생각한다. 드라마 등에서도 배반한 사람이 나중에 성공한 예는 거의 없는 것처럼 말이다.

그들은 우리 노하우를 전부 가지고 갔다. 그 노하우를 보완하여 부분적으로는 우리 것보다 잘 만들었다. (웃음). 그들은 우리 거래처도, 거래 조건도 전부 알고 있었다. 따라서 그들은 메이커에서 우리보다 비싸게 매입해서 소매점에는 우리보다 싸게 팔았다.

메이커도 소매점들도 '이 회사가 소프트뱅크보다 거래 조건이 훨씬 좋네'라는 평가를 하게 되었다. 그 결과, 신규 거래 개설은 어느 정도 수준까지는 일거에 확보했다. 하지만 결국 그들은 다른 회사에 인수, 합병되어 그 존재가 사라져 버렸다.

손의 병법

신(信). "상대에게 믿음을 주는 만큼 신뢰를 받는다."

이념	도(道)	천(天)	지(地)	장(將)	법(法)
비전	정(頂)	정(情)	략(略)	칠(七)	투(鬪)
전략	일(一)	류(流)	공(攻)	수(守)	군(群)
마음가짐	지(智)	**신(信)**	인(仁)	용(勇)	엄(嚴)
전술	풍(風)	림(林)	화(火)	산(山)	해(海)

의사결정 Point

신의, 신념, 신용. 이러한 것을 가지고 있지 않으면 동지적 결합을 할 수 없다. 파트너십을 맺을 수가 없다. 따라서 상호간에 두터운 신의가 있어야 파트너로서 존경받게 된다. 특히 리더에게 신뢰가 없으면 부하사원이 따르지 않는다.

《 질문 5 》

- 자사의 기존 사업과 경합되는 분야에 새롭게 진출할 것인가?
- 당신이 리더라면 어느 쪽을 선택할 것인가?

선택 1 ▸ 기존 사업 강화를 통해 수익 개선을 도모한다.

선택 2 ▸ 참여 초기의 수익성 감소를 각오하고 진출한다.

나의 선택과 이유

손의 선택

참여 초기의 수익성 감소를 각오하고 진출한다.

"업계 전체의 변화가 정확하게 예측 가능하다면 경합을 각오하고 진출한다."

이 자리에는 매스컴 관계자분들도 많이 와 계시는데, 예를 들어 여러분들이 신문사를 경영한다고 할 때, 종이 신문과 병행해서 인터넷 신문을 무료로 발행할 것인가, 말 것인가 하는 것이다.

종이 신문은 구독료가 매월 4,000엔으로 본업으로서 충분히 역할을 하고 있는데, 그것과 동일한 내용의 기사를, 더욱이 무료로 인터넷에 올릴 것인가? 하는 것이다. 참 어려운 선택이다.

여러분들이라면 어떻게 할 것인가? 어느 쪽을 선택하겠는가? 거의 90%의 사람들이 수익이 떨어지더라도, 경합이 되더라도 새롭게 진출하겠다고 대답을 하였다. 와! 대단하다. 오늘 모두 용감한 사람들만 온 것 같다.

그렇다. 생각하는 것은 비교적 간단하다. 하지만 실행하는 것은 보통 어려운 일이 아니다. 당시 우리에게는 어려운 선택이었다. IT 미디어 이야기이다.

앞에서 출판 사업부가 23종의 잡지를 발행할 정도로 급성장하였다는 이야기를 하였다.

당시 출판 사업은 소프트웨어 유통 부문보다 고수익을 내고 있었다. 수익액 측면에서도 가장 좋을 때는 회사 전체 이익의 70%를 차지할 정도였다.

그런 상황에서 더욱이 무료로 정보 발신을 하게 되면 어떻게 될 것인가? 당연히 경합이 발생하여 주력 사업의 이익을 갉아먹게 된다.

* 소프트뱅크 산하 IT 미디어 회사가 운영하는 「IT Media」는 IT 정보 포털로서는 일본 최대. 1997년에 당시 소프트뱅크 산하였던 미국 지프 데이비스와 소프트뱅크 출판 사업부 공동 사업으로 개설한 IT 뉴스 사이트 「ZDNet」의 일본어판 「ZDNet JAPAN」이 그 전신.

현재는 어떻게 되었는가? 당시 주력이었던 「Oh! PC」 등 IT · PC계 잡지는 모두 사라졌다. 하지만 독자수는 10배로 증가하였다. 이익도 크게 증가하였다.

기존 사업을 전부 흡수하여 100% 인터넷 정보회사 형태로 우리 출판 부문의 잡지를 대체하였다. 당시 간행되었던 PC 전문지 등의 잡지가 모두 인터넷으로 대체되었다.

하지만 이것은 그런 일을 바라지도 않았는데, 시대의 흐름에 떠밀려 어쩔 수 없이 그렇게 된 것이 아니었다. 본격적으로 인터넷 시대가 오면 정보 발신도 인터넷이 중심이 될 것으로 예상하고, 오히려 스스로 적극적으로 선두에 서서 변혁을 추구한 결과였다.

주력 사업의 실적이 좋을 때에 그 실적을 일시적으로 희생할 각오를 하고 커다란 변화를 예의주시하면서 스스로 변신해야 한다.

이러한 일은 상당히 어려운 결단을 동반하는 일이지만, 지금까지 그렇게 해온 결과가 현재의 소프트뱅크의 모습이라고 생각한다.

손의 병법

천(天). "스스로에게 주어진 「때」를 활용하라."

이념	도(道)	천(天)	지(地)	장(將)	법(法)
비전	정(頂)	정(情)	략(略)	칠(七)	투(鬪)
전략	일(一)	류(流)	공(攻)	수(守)	군(群)
마음가짐	지(智)	신(信)	인(仁)	용(勇)	엄(嚴)
전술	풍(風)	림(林)	화(火)	산(山)	해(海)

의사결정 Point

천(天)은 천시(天時)의 의미로, 타이밍을 뜻한다. 우리는 정보 빅뱅이라는 절호의 타이밍에 태어났다. 이 천운을 잡을 것인지 말 것인지는 각자가 하기 나름이다. 남들보다 앞서 기회를 기회로 볼 줄 아는 능력이 중요하다.

《 질문 6 》

- 전략적 파트너와의 합작 사업이 부진하여 철수하기로 결정하였다. 각자의 손실 분담을 어떻게 처리하는 것이 좋은가?
- 당신이 리더라면 어느 쪽을 택할 것인가?

선택 1 ─ 손실은 자사와 파트너사가 각자 출자 비율에 따라 부담한다.
선택 2 ─ 자사가 손실을 100% 부담한다.

나의 선택과 이유

손의 선택

자사가 손실을 100% 부담한다.

"일반적으로는 각자 지분율에 따라 분담해야 하나, 상대와의 신뢰 관계, 의리를 중시해야 할 때가 있다."

　참석자 중 70% 정도가 '출자 비율에 따라 손실을 부담해야 한다'고 대답하였는데, 당연히 대부분의 사람들은 주식회사 원칙에 따라 가령 5:5 비율의 합작 회사라면 손실도 5:5로 부담해야 한다고 생각한다. 우리도 당연히 일반적인 경우는 그렇게 한다.
　단, 드문 경우이기는 하나, 계약 내용에 상관없이 상대의 자본금까지 인수하여 100% 부담한 경우도 있다. 그것은 내가 상대방에게 사업을 권유하여 일본에 만든 합작 회사였다. 자본금은 소프트뱅크가 조금 더 많았지만, 우리에게 사업 운영의 실질적인 책임이 있다고 나는 생각했다.

* 소프트뱅크는 1991년에 로스 페로씨가 회장을 맡고 있던 미국 페로시스템즈와 제휴하여 시스템 통합 사업을 하는 합작 회사를 설립. 그러나 1992년 제휴를 해소. 소프트뱅크는 자본금을 인수하고 창업 적자도 모두 부담하였다. 또한 1995년에는 마이크로소프트와의 합작회사인 게임뱅크를 설립. 게임 소프트웨어 메이커로부터 라이센스를 제공받아 윈도 95 대응 소프트웨어를 개발하고 판매하는 사업을 하였다. 1998년 합병이 해

소될 때, 사업 적자는 소프트뱅크 측이 전액 부담했다.

상대에게 자본금 비율로 책임을 부담시키는 것이 아니라, 손실을 우리가 100% 부담한 것이다. 차입금도 모두 부담했다. 금액상으로는 수십억 엔 단위였다.

더욱이 그것은 소프트뱅크가 상장하기 전의 일이었다. 자본이 없던 시절이었다.

* 소프트뱅크 주식 공개는 1994년. 도쇼 1부 상장은 1998년 1월. 도쇼 2부를 거치지 않고 1부에 상장된 것은 일본 내 첫 사례였다.

상대는 그 정도까지 하지 않아도 된다. 지분 비율에 따라 부담하는 것이 당연하다고 했다. 하지만 그렇게 하는 것에 대해 내 자존심이 허락하지 않았다.

그렇다고 회사에 손실을 부담시킬 수도 없다. 그 손실의 대부분은 개인이 차입하여 부담했다. 그렇게라도 하여 상대와의 신뢰 관계, 의리를 지키고자 했던 것이다.

하지만 그 덕분에 상대는 '다음에 당신으로부터 제휴 제안이 있을 때는 아무 조건 없이 바로 사인하겠다'라고 말했다. 그것을 바라고 한 일은 아니지만, 비즈니스에는 그런 일도 있다.

손의 병법

신(信). "믿음을 주는 만큼 신뢰를 받는다."

이념	도(道)	천(天)	지(地)	장(將)	법(法)
비전	정(頂)	정(情)	략(略)	칠(七)	투(鬪)
전략	일(一)	류(流)	공(攻)	수(守)	군(群)
마음가짐	지(智)	**신(信)**	인(仁)	용(勇)	엄(嚴)
전술	풍(風)	림(林)	화(火)	산(山)	해(海)

의사결정 Point

신의, 신념, 신용. 이러한 것을 가지고 있지 않으면 동지적 결합을 할 수 없다. 파트너십을 맺을 수가 없다. 따라서 상호간에 두터운 신의가 있어야 파트너로서 서로 존경받게 된다. 특히 리더에게 신뢰가 없으면 부하사원이 따르지 않는다.

MEMO

《 질문 7 》

- 적자 회사가 있다. 창업한 지 반년이 되었고 사원은 10여 명. 여기에 100억 엔을 투자할 것인가?
- 당신이 리더라면 어느 쪽을 택할 것인가?

| 선택 1 | 투자한다. |
| 선택 2 | 투자하지 않는다. |

나의 선택과 이유

손의 선택

투자한다.

"단, 일반적인 경우는 99% 투자하지 않는다. 하지만 미래를 내다볼 때 「좋은 적자」인 경우 투자한다."

　물론 이 질문은 전제 조건에 따라서 전혀 다른 답이 나올 수도 있기 때문에 굳이 좀 거친 질문을 한 것이다. 여러분들의 답도 거의 반반으로 나뉘었다.
　나도 일반론에서 본다면 투자하지 않는다. 이 질문을 100번 받는다면 99번은 투자하지 않는다고 답할 것이다. 하지만 100번에 한 번은 투자하는 경우가 있다.
　그 한 번이라고 하는 것은 어떤 때일까?
　적자에도 좋은 적자와 나쁜 적자가 있다. 좋은 적자라는 것이 100번에 한 번은 있다. 그 100번에 한 번은 설령 임원이 전원 반대하더라도 강행해야 하는 경우가 있다. 그런 관점에서 다소 황당한 질문을 넣어 본 것이다.
　미국의 야후가 바로 그런 사례이다. 당시 야후는 겨우 스타트 한 지 얼마되지 않은 회사였다. 하지만 이 사업은 반드시 성장한다는 그런 확신을 가지고 투자했다. 그 당시 야후 매출은 한 달에 1,000만 엔. 적자가 2,000만 엔이었다.
　사원 16명. 그런 회사에 100억 엔을 투자해서 주식 35%를 취득

했다. 즉 회사 전체 가치를 300억 엔이라고 판단하였다.

* 1995년 11월 손정의는 미국 실리콘벨리의 야후를 방문한다. 창업자인 제리 양, 데이비드 파일로와 회담. 그 자리에서 야후에 5%를 출자하고 야후 일본 법인 설립에 합의. 그 다음 해에는 발행주식 30%를 추가로 취득하였다.

회사를 만든 지 반년 만에 100억 엔의 투자를 받을 수 있다. 손 회장에게 부탁하면 그렇게 통 큰 투자를 받을 수 있다는 말인가? 누구나 즉시 투자 기획서를 만들고 싶어질 것이다. 하지만 그것은 뭘 모르고 하는 소리다. (웃음). 나도 100번 중 99번은 투자를 거절한다. 내가 그렇게 통이 크다고 오해하지 않았으면 좋겠다.

야후의 경우는 그야말로 그때부터 인터넷이 본격적으로 시작되는 절호의 타이밍이었다. 더욱이 그 사업 내용은 미래가치가 유망한 사업이었다. 미국 야후에 투자하고 또한 야후 재팬을 합작회사로 설립하였다. 일본은 우리가 60%의 주식을 소유. 추가로 영국과 프랑스, 독일에도 야후를 설립했다. 이들 회사는 우리가 30%를 소유하고 상대가 70% 비율로 회사를 설립하였다. 우리 자회사였던 지프 데이비스의 사원들이 야후 영국, 프랑스, 독일의 회사 설립을 주도하였다.

두 번, 세 번의 좋은 비즈니스 모델을 만들었다.

하지만 당시의 매출 규모는 스타트한 지 3년이 지나도 인터넷 관련 매출은 소프트뱅크 전체 매출의 1%도 채 안되었다. 하지만 나 자신의 마음 씀씀이, 지혜와 지식, 신경과 시간을 쏟는 정도는 99%를 인터넷에 집중하였다.

그 당시 회사의 아침 조례 비디오가 최근 발견되어 여러분들에게 보여드리고자 한다. 야후에 투자하고 2년이 지난 무렵의 영상이다.

[영상 속 손정의 발언]
우리는 전체적으로는 상당히 좋은 흐름에 있다고 생각한다. 여기저기 아직 어려운 과제가 산적해 있지만, 모두 힘을 합쳐 열심히 해주기 바란다. 마지막으로 야후가 1,000만 페이지 뷰를 넘어섰다. 이는 대단한 쾌거다. 앞으로 더욱 폭발적으로 성장할 것이다. 미국 야후도 파죽지세로 성장하고 있다.

2년 전에 우리 소프트뱅크가 야후 재팬 사업을 한다고 했을 때, 대부분의 사람들은 어리둥절했을 것이라고 생각한다. 그게 뭐지? 뭘 한다는 거야?라고….

인터넷! 인터넷!이라고 2년 전부터 외쳐 왔지만, 그것이 우리에게 어떤 메리트가 있는지에 대해서는 한 사람 한 사람에게는 분명하게 다가오지는 않는 부분이 많이 있었다고 생각한다.

하지만 오늘날 그것이 다양한 형태로 플러스적 측면을 생산해 내고 있다는 점은 여러분도 잘 알고 있으리라 본다. 그러한 전략적 포석을 지금 깔아 나가고 있기 때문에 여러분 모두 열심히 공부해 주시고, 힘을 합쳐 주시기 바란다. 이상.

   나도 정말로 오랜만에 이 영상을 보았다. 창업 당시는 밀감 박스를 깔고 앉아 일을 하였는데 영상을 보니 이 무렵에는 접이식 의자로 진화했네요. 하지만 나의 말버릇은 예나 지금이나 바뀌지 않은 것 같다. 그때는 머리카락이 좀 더 있었던 것으로 기억하는데 이상하네. (웃음).
   1,000만 페이지 뷰라고 했는데 지금은 수십억 페이지 뷰가 되었다. 당시가 얼마나 적었던지 새삼 느끼게 된다. 그 후 추가로 야후 검색, 야후 게시판, 야후 옥션, 브로드밴드, 야후 휴대폰, 구글과의 제휴, 타오바오 등으로 점점 진화해 왔다. 하지만 야후를 시작한 무렵만 하더라도 거의 대부분의 사람들에게는 전혀 알려지지 않은 사업이었다.

손의 병법

공(攻). "모든 분야에서 공격력을 확보하라."

이념	도(道)	천(天)	지(地)	장(將)	법(法)
비전	정(頂)	정(情)	략(略)	칠(七)	투(鬪)
전략	일(一)	류(流)	**공(攻)**	수(守)	군(群)
마음가짐	지(智)	신(信)	인(仁)	용(勇)	엄(嚴)
전술	풍(風)	림(林)	화(火)	산(山)	해(海)

의사결정 Point

공격은 최대의 방어이다. 특히 천시(天時)를 얻은 사업인 경우 더욱 그렇다. 리더는 스스로 누구에게도 뒤지지 않는 공격력을 가지고 있어야만 조직을 이끌 수 있다. 기술이면 기술, 영업이면 영업, 교섭이면 교섭 등 모든 분야에 공격력을 가지고 있어야 한다.

MEMO

《 질문 8 》

- 해외의 강력한 라이벌이 국내에 진출하려고 한다. 어떻게 대응할 것인가?
- 당신이라면 어느 쪽을 선택할 것인가?

| 선택 1 | 강력한 라이벌과 합작회사를 만든다. |
| 선택 2 | 혼자 힘으로 대항한다. |

나의 선택과 이유

손의 선택

혼자 힘으로 대항한다.

"단, 처음에는 '강력한 라이벌과 합작회사를 만든다'를 선택했었다."

이번 질문에 대해 강력한 라이벌과 합작회사를 만든다고 대답한 사람이 약 70% 정도이다. 나도 처음에는 합작회사를 제안했다.

하지만 상대가 제시한 조건을 도저히 납득할 수가 없었기 때문에 자력으로 대항하기로 하였다. 이 이야기는 야후의 옥션 비지니스인 야후 오크 설립 사례이다.

당시 미국 야후는 옥션에서 고전하고 있었고, 이베이가 시장을 리드하고 있었다. 사실은 이베이가 상장도 하기 전에 내가 그 창업자들에게 '야후와 합병을 하자'고 설득하고 있었다.

양해각서에 사인까지 했다. 그런데 본계약을 하기 전에 정보가 유출되었다. 만약 그 당시 야후와 이베이가 하나가 되었더라면 지금 미국 야후는 더욱 강력하게 성장했을 것이다.

일본에서는 이베이와 제휴하는 방안도 있었으나, 조건이 맞지 않았다. 자! 이제 진검승부다. 결과적으로 일본 야후 옥션의 완승이었다.

이는 결국 이베이가 일본에서 철수한 계기가 되었다.

손의 병법

투(鬪). "비전 실현을 위해서는 고군분투가 필요하다."

이념	도(道)	천(天)	지(地)	장(將)	법(法)
비전	정(頂)	정(情)	략(略)	칠(七)	**투(鬪)**
전략	일(一)	류(流)	공(攻)	수(守)	군(群)
마음가짐	지(智)	신(信)	인(仁)	용(勇)	엄(嚴)
전술	풍(風)	림(林)	화(火)	산(山)	해(海)

의사결정 Point

이념이나 비전을 달성하기 위해서는 어떠한 어려움, 난관도 극복해내겠다는 자신감, 각오가 필요하다. 이것이 없으면 아무리 훌륭한 비전, 전략도 하나의 공치사로 끝나기 쉽다.

MEMO

《 질문 9 》

- 거액을 투자하여 인수한 기업이 위기 상황에 빠졌다. 어떻게 대응할 것인가?
- 당신이 리더라면 어느 쪽을 택할 것인가?

| 선택 1 | 위기를 극복하는 데 주력한다. |
| 선택 2 | 매각할 곳을 찾는다. |

나의 선택과 이유

손의 선택

매각할 곳을 찾는다.

"비전에 따라서 주력해야만 하는 사업이 있다. 하지만 위기에 빠진 사업이 주력사업이 아니라면 손절하는 것도 유력한 선택지가 된다."

여러분의 90%가 '위기 극복에 주력한다'고 답했는데, 이것도 전제조건에 따라서 답은 완전히 달라질 수 있다. 내가 선택한 것은 매각이었다.

그러면 그 전제조건은 무엇이었는가? 소프트뱅크를 상장하고 곧바로 미국의 컴덱스와 지프 데이비스를 연달아 인수하였다. 합계 3,000억 엔. 시가 총액 2,000억 엔의 회사가 3,000억 엔의 회사를 인수하였다. 항상 분수를 넘는 행동을 하는 것이 소프트뱅크의 패턴이기는 하지만…. (웃음).

하지만 합병 작업이 순조롭지 못했다. 이들 회사 합병 작업에 나 자신의 시간과 노력을 오로지 집중할 것인가? 아니면 막 시작된 인터넷에 집중할 것인가? 선택해야 했다. 어디까지나 이 전제조건하에서의 나의 선택이었다.

조금 전에 시청한 조례 시간 영상에서도 알 수 있는 바와 같이 나는 이미 99% 인터넷 사업에만 흥미가 있는 상황이었다. 따라서 종이 출판을 하고 있던 지프 데이비스 또는 전시회를 하는 컴덱스와 같은 사업에 대한 열정은 나의 머릿속에서는 이미 1%밖에 없었던 것이다.

　내 머릿속은 매수할 때와는 완전히 달라서 그 회사들의 매각 대금을 인터넷 사업에 투자하고 싶다는 생각밖에 없었다. 또한 킹스톤 테크놀로지. 이 일은 그다지 다시 생각하고 싶지 않지만 여기에도 분명 1,500억 엔 정도 투자했다.

　이 회사도 매수 금액보다 싸게 매각하였다. 컴덱스도 지프 데이비스도 마찬가지였다. 대형 매수, 연이은 손실 매각. 참 씁쓸한 투자였다. 완전히 자신감 상실! 5,000억 엔 가까이 투자했는데 전부 손실을 보고 매각하였다. 그 당시 여기저기에서 쓴 소리를 엄청 많이 들었다.

* 세계 최대 컴퓨터 전시회인 「컴덱스」를 포함한 미국 인터넷 페이스 그룹의 전시회 부문을 인수하고, 또한 지프 데이비스의 출판 부문을 18억 달러에 매수한 때가 1995년. PC용 메모리 보드를 기업용으로 판매하는 킹스톤 테크놀로지를 1,818억 엔에 매수한 때가 1996년. 참고로 1994년 말 소프트뱅크의 매출은 968억 엔이었다.

　하지만 99%의 시간과 자금, 그리고 노력을 인터넷에 집중하고 싶었다. 앞으로 10년간 이익은 크게 신경 쓰지 않는다. 막 상장한 회사에서 공공연하게 그렇게 말하고 다녔다. 주주총회에서도, 결산 발표장에서도 앞으로 10년간은 이익을 기대하지 말라고 주문했던 것이다. 주가는 완전히 반토막 났다. (웃음). 저 친구 도대체 뭐 하자는 거야? 기업을 상장해서 투자자들의 돈을 끌어 모으고,

은행에서 엄청난 돈을 빌려 5,000억 엔을 연이어 투자해서는 전부 손해보고 매각하더니, 이번에는 인터넷에 투자하겠다고? 인터넷이라고 해봐야 지금은 매출도 거의 없어 적자투성이 사업인데….

그렇게 매출도 없는 사업에 미친듯이 투자하였다. 주가는 폭락했다. 하지만 5년이 지난 뒤 IT 버블로 이번에는 주가가 폭발하였다. 무엇이 올바른 선택인가? 사람들의 평가는 보는 시점에 따라 크게 달라진다고 생각한다.

손의 병법

칠(七). "70% 이상 확신이 서는 사업만 한다."

이념	도(道)	천(天)	지(地)	장(將)	법(法)
비전	정(頂)	정(情)	략(略)	**칠(七)**	투(鬪)
전략	일(一)	류(流)	공(攻)	수(守)	군(群)
마음가짐	지(智)	신(信)	인(仁)	용(勇)	엄(嚴)
전술	풍(風)	림(林)	화(火)	산(山)	해(海)

의사결정 Point

　칠(七)은 미래에 주류(主流)가 될 사업이면서 70% 이상 성공에 대한 확신이 서는 사업에 한해서 사업을 한다는 의미와 함께 만약 실패하더라도 조직에 30% 이상의 피해는 주지 않는다는 의미가 있다.

《 질문 10 》

- 합작 사업이 부진에 빠졌다. 계속 사업을 할 것인가?
- 당신이 리더라면 어느 쪽을 선택할 것인가?

| 선택 1 | 계속한다. |
| 선택 2 | 합작을 해지한다. |

나의 선택과 이유

손의 선택

합작을 해지한다.

"상대방도 철수할 의사가 있고 자신도 전념하고 싶은 다른 사업이 있다면 비난을 받더라도 계약을 해지해야 한다."

부진한 합작 사업의 계약을 해지할 때에 손실을 지분율에 따라 처리할 것인가 하는 질문이 앞장에 있었다. 이번에는 계약을 계속 유지할 것인가, 말 것인가? 하는 문제다. 여러분의 답변은 '계약을 해지하겠다'고 대답한 사람이 70%였다.

나도 계약을 해지하였다. 벤처투자를 활성화시키기 위해 시작한 제휴 사업인 나스닥 재팬. 현재 도쿄 증권 거래소의 마더스 시장에 해당하는 사업인데, 어찌된 영문인지 아무리 노력해도 비즈니스가 자리를 잡지 못했다.

비난을 각오하고 계약을 해지하였다. 이 사업은 상대방이 집요하게 사업을 그만두자고 요청해 왔었다. 우리가 사업 중지를 요청한 것이 아니었다. 상대를 설득할 여지는 남아 있었다. 그만두고 싶지도 않았고 그만두게 되면 비난을 받을 게 뻔했지만, 그래도 그만두자고 스스로 결심했던 것은 역시 그만큼의 시간과 노력을 인터넷, 브로드밴드 사업에 투자하고 싶었기 때문이었다.

* 나스닥 재팬은 미국 증권거래협회(나스닥)와 소프트뱅크, 오사카 증권

거래소가 2000년 5월에 개설한 주식시장. 상장 기준을 낮게 설정하여 벤처기업을 중심으로 약 100개 회사가 상장하였으나, IT 버블 붕괴 등으로 상장기업이 좀처럼 모집되지 않아 2002년에 제휴 해지. 그 후 오사카 증권 거래소 독자적으로 헤라클래스를 운영하다가 2010년 新JASDAQ에 통합되었다.

또 다른 사례로는 스카파 사업이 있다. 이 회사의 전신인 J스카이B의 초대 사장이 사실 나였다. 혹시 여러분은 이 사실을 알고 있었는가? 아마 아는 사람이 거의 없을 것이다. 사업을 시작하지도 못하고 끝났기 때문이다. (웃음).

J스카이B는 20세기 폭스사 오너인 루퍼드 머독과 내가 합작하여 만든 회사였다. 그리고 컨텐츠를 늘리기 위해 둘이서 TV 아사히 지분 21.4%를 매수하였다.

그런데 이 사업은 아사히 TV의 맹반발과 함께 모기업인 아사히 신문에서도 엄청난 거부반응이 있었다. 사이좋게 사업하기 위해 투자를 했는데, 그 결과가 거부반응이라면 무리해서 파트너십을 강요하는 것은 오히려 독이 된다는 생각이 들어 즉각 주식을 매각하였다. 그렇게 소동은 마무리되었다.

* 1996년 6월 루퍼드 머독의 뉴스코퍼레이션과 소프트뱅크가 제휴하여 CS방송 플랫폼인 「J스카이B」 설립을 발표. 둘은 TV 아사히 주식 21.4%를 취득하였으나, TV 아사히와 아사히 신문사가 크게 반발하여 취득한 주식을 취득 가격과 동일한 금액으로 아사히 신문사에 매각. J스카이B는

1998년 「SKY서비스」로 방송을 개시. 소프트뱅크는 2002년에 보유하고 있던 스카이 퍼팩트 커뮤니케이션의 주식을 일본 TV에 매각하고, CS방송으로부터 철수하였다.

 그 후 유사한 일을 한 사람이 라이브 도어의 호리에, 라쿠텐의 미키 사장이다.
 그들의 경우는 꽤 오랜 시간 밀고 당기고 하였으나, 우리는 거부반응이 나오자마자 바로 포기하고 단 1엔의 추가 요구 없이 주식을 매각하였다. 결과적으로 서로의 불편한 관계도 오래 가지 않았다.
 그 자금 또한 인터넷에 전부 투입하였다. 되돌아보면 결과적으로 주가가 가장 비쌀 때 매각한 것이 그나마 불행 중 다행이었다.

손의 병법

용(勇). "물러설 각오만큼, 큰 용기는 없다."

이념	도(道)	천(天)	지(地)	장(將)	법(法)
비전	정(頂)	정(情)	략(略)	칠(七)	투(鬪)
전략	일(一)	류(流)	공(攻)	수(守)	군(群)
마음가짐	지(智)	신(信)	인(仁)	**용(勇)**	엄(嚴)
전술	풍(風)	림(林)	화(火)	산(山)	해(海)

의사결정 Point

퇴각하는 것은 공격하는 것보다 10배는 어렵다. 퇴각을 하게 되면 엄청난 비난을 받는다. 그것을 참아내는 신념과 용기가 있기 때문에 공격도 가능하다.

MEMO

《질문 11》

- 자금 부족 사태가 발생했다. 어떻게 해결할 것인가?
- 당신이 리더라면 어느 쪽을 선택할 것인가?

| 선택 1 | 증자를 통해 자금 조달한다. |
| 선택 2 | 전략사업(미래 주력 사업이 될 부문) 이외는 모두 매각한다. |

나의 선택과 이유

손의 선택

전략사업 이외는 모두 매각한다.

"차입이 가능하다면 당연히 차입·증자를 통해 조달해야 한다."

자금 부족, 차입해야 하나 매각해야 하나? 여러분의 의견은 반반이다.

소프트뱅크의 경우는 전략사업 외에는 전부 매각하는 방법을 택했다. 차입을 하고 싶었지만 아무도 빌려주지 않았다. (웃음). 분하지만 어쩔 수 없는 선택이었다. 하지만 올바른 선택이었다고 생각한다. 결과적으로 브로드밴드 사업에 전념하게 되었기 때문이다.

브로드밴드 사업은 1년에 1,000억 엔 적자. 그런 사업을 4년이나 해왔으니, 자금이 부족할 수밖에 없었다. 처음에는 그렇게 돈이 많이 필요할 줄 몰랐다. 늪에 빠져 헤어나오지 못하는 상황이었다. 소프트뱅크 창사 이래 최대 위기를 꼽으라고 한다면 바로 이 무렵이었다고 생각한다.

자금난을 극복하기 위해 2000년에 매수한 아오조라 은행을 2003년에 매각하는 한편, 미국 야후 지분을 매각하는 등 자금을 확보할 수 있는 모든 것을 매각하였다. 단, 야후 재팬 하나만은 남겨 두었다. 브로드밴드 사업, 인터넷 사업, 이것이 본업이라 생각하고 여기에만 집중하였던 것이다.

손의 병법

엄(嚴). "리더는 때로는 애정을 지닌 악마가 되어야 한다."

이념	도(道)	천(天)	지(地)	장(將)	법(法)
비전	정(頂)	정(情)	략(略)	칠(七)	투(鬪)
전략	일(一)	류(流)	공(攻)	수(守)	군(群)
마음가짐	지(智)	신(信)	인(仁)	용(勇)	**엄(嚴)**
전술	풍(風)	림(林)	화(火)	산(山)	해(海)

의사결정 Point

  진정한 리더가 되기 위해서는 때로는 자기 자신에 대해서도 가장 신뢰하는 부하에 대해서도 엄격해야 한다. 맺고 끊는 것이 분명해야 한다. 그래야 조직의 기강이 잡힌다. 또한 리더는 용(勇)에서 언급한 것처럼 퇴각에 따른 모든 비난을 무릅쓸 각오가 있어야 한다.

MEMO

《 질문 12 》

- IT 버블이 붕괴되었다. 사업을 계속할 것인가?
- 당신이 리더라면 어느 쪽을 선택할 것인가?

| 선택 1 | 인터넷 관련 사업의 축소 · 철수. |
| 선택 2 | 인터넷 사업 더욱 강화. |

나의 선택과 이유

손의 선택

인터넷 사업 더욱 강화.

"스스로 세운 비전으로 사람들을 행복하게 하고 사원, 거래처, 주주에게 이익을 환원하기 위해 내가 전념해야 할 사업이 바로 인터넷 사업이었다."

여러분들도 대부분 저와 같은 선택을 했다. 모두 용감하다. 이 강의에 참여할 정도의 인재들이니 당연히 인터넷 사업에 대해 동일한 생각을 가진 사람들이 많을 것이라고 생각한다.

하지만 적어도 당시 99%의 사람들은 인터넷 주식을 매각했다. 더욱 떨어질 것이라고 생각하고 투매했다. 그랬기 때문에 IT 버블은 붕괴되고, 소프트뱅크 주가도 100분의 1로 떨어졌다. 주주 총회에서 심한 소리를 엄청 많이 들었다. 그때의 주주총회는 마치 이 방 분위기와 같았다. 모두 눈을 부릅뜨고 들어오자마자 '사기꾼', '거짓말쟁이', '도둑놈'이라는 둥, 말 그대로 난장판이었다.

그렇지만 나는 열심히 설명을 했다. 6시간 동안. 소프트뱅크 주주총회 중 최장시간이었다. 휴식시간 없이 연속해서 진행했다. 혼자서 전부 답변했다. 변명 없이 솔직하게 답변했다. 나중에는 비난을 퍼붓던 수천 명 중 3분의 1 이상의 사람들이 손수건을 꺼내 눈물을 닦고 있었다.

"저는 남편이 남겨 준 퇴직금 1,000만 엔 전액으로 소프트뱅크 주식을 샀다. 그것은 손 회장, 당신의 꿈을 믿었기 때문이다. 당신의 꿈과 포부를 믿었기 때문이다. 유산을 모두 쏟아부어 1,000만 엔이 10만 엔이 되었다. 하지만 나는 후회하지 않는다. 오늘 당신의 이야기를 직접 듣고, 당신의 꿈에 걸기를 잘했다고 마음속으로 생각했다. 믿고 있으니 다시 한번 힘을 내 달라."

나도 눈물을 참을 수 없었다. 그분의 모습이 지금도 눈에 선하다. 도저히 잊을 수가 없다. 지난번에 발표한 「신 30년 비전」에서 소프트뱅크 시가 총액을 30년 이내에 200조 엔으로 만들겠다고 했다. 나의 진심이다.

여러분들은 그 에너지가 어디에서 생겨났다고 생각하는가? 좀 전에 이야기한 그 아주머니의 말을 나는 절대로 잊지 못한다. 그분이 지금 어디에 계신지 모르지만, 믿어 주신 그 마음을 절대로 배반하지 않을 것이다.

그 주주총회 시점까지 소프트뱅크의 피크 시의 시가 총액은 20조 엔이었다. 피크에서 산 사람이 만약 주식을 팔지 않고 계속 가지고 있는다면 10배로 돌려 드리겠다는 각오다. 믿어 준 사람을 배반하지 않고 은혜를 갚고 싶은 마음이 간절하다.

주식 투자는 계약이 아니다. 투자하는 사람에게 반드시 투자금액 이상으로 돌려드리겠다고 어디에도 쓰여져 있지 않다. 비록 계약은 아니지만, 나는 항상 마음속으로 그렇게 다짐하면서 사업을 하고 있다.

정보혁명으로 사람들을 행복하게 만들겠다. 나는 「신 30년 비전」에서 그렇게 선언했다. 그러면 이를 위해 주주를, 사원을, 거래선을 희생해도 좋은가? 절대로 그래서는 안된다. 목적을 위해 수단을 선택해서는 안된다. 모든 사람에게 그 믿음과 확신을 주고 싶은 것이 내 마음이다.

따라서 주주총회에서는 어떤 사안이 되었든 솔직하게 대응해야 한다. 비난 성토의 장이었던 총회는 결국 박수를 치면서 끝났다. '손 회장, 힘내세요. 돈은 잃었지만, 당신을 믿고 있으니'라고 모두들 응원해 주었다. 내게 있어서는 가장 괴롭고, 가장 기쁜 주주총회였다. 지금까지도 그 당시의 모습이 눈에 선하다.

손의 병법

인(仁). "리더는 모든 사람에 대한 애정이 있어야 한다."

이념	도(道)	천(天)	지(地)	장(將)	법(法)
비전	정(頂)	정(情)	략(略)	칠(七)	투(鬪)
전략	일(一)	류(流)	공(攻)	수(守)	군(群)
마음가짐	지(智)	신(信)	**인(仁)**	용(勇)	엄(嚴)
전술	풍(風)	림(林)	화(火)	산(山)	해(海)

의사결정 Point

정보혁명을 성취하고자 하는 목적은 사람들을 행복하게 하기 위한 것이다.

그것이 일의 본질이다. 역설적이지만 리더 자신에게 깊은 인애가 있어야만 진정한 정보혁명을 이루어 낼 수 있다.

MEMO

《 질문 13 》

- 미지의 신규 분야에 투자를 해야 한다. 투자를 할 것인가?
- 당신이 리더라면 어느 쪽을 선택하겠는가?

| 선택 1 | 우선은 적게 투자한다. |
| 선택 2 | 대규모 투자를 통해 시장을 만들어 나간다. |

나의 선택과 이유

손의 선택

대규모 투자를 통해 시장을 만들어 나간다.

"열 번 중 아홉 번은 우선 적게 투자한다. 하지만 그 투자 분야가 내가 큰 뜻을 세운 사업이라면 과감하게 승부한다."

대규모 투자를 하겠다고 답한 사람이 70% 정도 되는데, 오늘은 모두 용감한 사람들이 많은 것 같다. 나라면 10회 중 9회는 우선 적게 투자하겠지만, 1회는 승부를 건다.

그것이 바로 브로드밴드에 대한 도전이었다. 하지만 예상과는 달리 1,000억 엔 적자를 냈다. 가지고 있는 모든 것을 팔아서 이것에 집중 투자할 정도로 진검 승부를 했다.

일본의 인터넷은 통신 속도가 선진국 중에서 가장 늦고, 통신비는 가장 비쌌다. 어디라고 이야기하지 않겠지만 이 회사가(웃음) 독점하고 있었기 때문이다. 그렇기 때문에 일본을 브로드밴드 선진국으로 만들어야 한다라는 큰 뜻을 세웠다.

작게 시작한다고 대답한 분들은 틀린 게 아니다. 항상 대규모 투자만을 하면 회사는 망한다. 내 후계자가 되더라도 도박하듯 일을 해서는 안된다. (웃음).

손의 병법

도(道). "이념 없는 곳에 행동도 없다."

이념	도(道)	천(天)	지(地)	장(將)	법(法)
비전	정(頂)	정(情)	략(略)	칠(七)	투(鬪)
전략	일(一)	류(流)	공(攻)	수(守)	군(群)
마음가짐	지(智)	신(信)	인(仁)	용(勇)	엄(嚴)
전술	풍(風)	림(林)	화(火)	산(山)	해(海)

의사결정 Point

   도(道)는 이념이며, 비전이며 뜻이다. 소프트뱅크 그룹에 있어서 도(道)는 정보혁명을 통해 사람들을 행복하게 만드는 일이다. 이 도를 실현하는 방법은 시대, 사람에 따라 바뀔 수 있지만 본질이 바뀌어서는 안 된다.

MEMO

《 질문 14 》

- 막 시작한 사업이 거액의 적자로 위기 상황이다. 사업을 계속할 것인가?
- 당신이 리더라면 어느 쪽을 선택하겠는가?

| 선택 1 | 계속한다. |
| 선택 2 | 철수한다. |

나의 선택과 이유

손의 선택

계속한다.

"일반적으로는 사업에서 철수해야 한다. 단, 모든 사람들에게 이익이 되는 사업으로 불합리한 장벽이 있다면 싸워야 한다."

앞 장에서 언급한 브로드밴드 이야기 때문인지 여러분의 70%는 계속하겠다를 선택하였다. 어쩌다보니 연이여 사업 철수 이야기만 하고 있는 것 같다. (웃음). 나는 안 되겠다 싶으면 「손의 제곱의 병법」에서 언급한 것처럼 30% 이상의 리스크가 있으면 보통은 사업을 철수한다. (3의 퇴각전을 하는 용기야 말로 7의 승리를 담보한다.)

사실 브로드밴드 사업 도입 때에는 30%를 넘는 선까지 갔다. 그대로 사업을 계속해서 실패한다면 소프트뱅크는 도산이었다. 30% 경계선을 넘거나 넘을 것이 확실했다. 그렇지만 철수하지 않았다. 브로드밴드, ADSL 모두 처음 투자하는 사업이었다. 인프라 사업에 투자하는 것도, 만든 것도 처음이었다. 자금도 부족하고 노하우도 없었다. 그야말로 아무것도 없는 상태였다.

소프트뱅크는 기술은 고사하고 내세울 게 하나도 없는 회사라고 주위에서 항상 이야기했다. 소프트웨어 도매는 물론 출판 사업 또한 기술력이 없다고 했다. 실제로 거의 없었다.

그렇지만 급히 기술자들을 불러 모아서 투자를 하고 인프라를 만들었다. 이것은 엄청난 리스크였으며 죽을 고생을 하였다. 99%를 인터넷에 집중하였다고 한 것처럼 그 당시는 99% 브로드밴드에만 매달렸다.

어느 날 '나는 오늘부터 이 방을 나간다'는 말을 남긴 채, 정말로 그날 소프트뱅크 본사 빌딩에서 나와 버렸다. 향한 곳은 오피스 빌딩의 작은 방으로 엔지니어 5, 6명과 함께 옮겨갔다. 거기에서 아침부터 밤 늦게까지 브로드밴드에 매달렸다. 모든 약속을 취소하였다. 중요한 고객과의 약속도 결국 미루다가 막판에 취소하고 그날부터 브로드밴드에 집중하였다.

인사 부장에게 3일 안에 100명을 모으라고 명령했다.

"그건 무리입니다. 모두 정신없이 현업 일을 하고 있습니다."
"상관없으니 무리해서라도 모아 오라."
"어떤 사람들을 모을까요?" 그렇게 묻자,
"사람이면 아무나 괜찮다"고 대답했다. (웃음).

일본인이든, 미국 사람이든, 인도 사람이든 인종이나 국적도 상관없다. 엔지니어이든, 사무를 보는 사람이든, 총무이든, 경비원이든 누구라도 좋다. 사람이면 누구든 좋으니 100명을 모으라. 3일 이내에!라고 명령하고 긴급히 각 부서에서 사람들을 불러 모았다.

무엇 때문에 불려왔는지조차 모르는 사원들을 모두 모아 놓고 "여러분, 지금부터 여러분들이 근무할 자리는 여기다. 오늘부터 여러분들은 브로드밴드를 개발한다!"라고 통보하였다. 모두 놀라

눈이 휘둥그레졌다. 그들은 브로드밴드라는 말조차 들은 적이 없었다. 하지만 관계없었다. 엔지니어이든 아니든 전혀 관계없었다. 심부름이든 뭐든 할 일이 산더미처럼 쌓여 있었다. 뭐든지 하자. 이렇게 사람들을 모아 급하게 만들어낸 것이 야후 BB였다.

모두 불가능하다고 했던 세계 최초 완전 IP 네트워크를 독자 기술로 개발했다. 철야를 밥먹듯이 했다. 토요일도, 일요일도, 공휴일도, 추석도, 설날도 없이 새벽 두 시, 세 시, 네 시, 다섯 시까지 일해서 몰골이 말이 아니었다. 목욕도 제대로 할 수 없는 상황이라 방에 냄새가 진동했다. (웃음). 접이식 책상과 의자가 여기 저기 널브러져 있는 상태로 사람이 제대로 걸어 다닐 수도 없는 지경이었다.

급하게 준비한 야후 BB 계획을 발표한 결과, 3일만에 100만 건의 신규 신청이 있었다. 놀라 자빠질 정도의 숫자가 모였다. 문제는 거기서부터 시작되었다. 개통이 안 되는 것이다. 최근 소프트뱅크 휴대폰은 전파 연결이 나쁘다고 여기저기서 불만의 소리가 많은데, 그 당시는 가끔 연결이 안 되는 것이 아니라, 아예 연결이 되지 않는 상황으로 엄청난 비난이 쇄도했다.

그야말로 사면초가 상태였다. 이때가 소프트뱅크 주식이 100분의 1로 떨어져 주주총회에서 엄청 비난을 받은 그해였다. 아직 트위터는 없었지만, 야후 게시판에는 거짓말쟁이, 사기꾼, 대머리 등등 세상의 욕이란 욕은 다 먹었다. (웃음).

더욱이 우리는 죽기 살기로 싸우고 있었는데, 그 상대는 일본 최대 회사였다. 새벽 두 시경 막 시작한 네트워크가 멈추었다. 접속 장애를 해소하기 위해 NTT 기지국으로 가지 않으면 안 될 상황. 우리 엔지니어가 황급히 달려갔다가 NTT 경비원에게 쫓겨났다. 그 빌딩에 들어가기 위해서는 사전에 작업 허가 서류에 사인을 받아야 한다는 것이었다. 그 서류를 받는 데 3일이나 걸리던 시절이다.

NTT 회선에 문제가 생기면 그들은 사인 없이 바로 들어가서 고칠 수 있다. 우리가 고칠 때에는 경쟁 상대인 NTT로부터 사인을 받지 않으면 들어갈 수 없다. 3일이나 네트워크가 멈춘다면 고객들은 뭐라고 생각할 것인가?

'싼 게 비지떡이라더니 어떻게 할 거냐?' 이런 소리를 들을게 뻔하다.

나는 더 이상 참을 수가 없었다. 이런 불공평한 일이 있어도 되는가! 그런 절차 때문에 우리를 믿고 우리 서비스에 가입한 고객의 네트워크를 멈춰서는 안 된다고 생각했다. 결국 그날 엔지니어 10여 명을 데리고 NTT 기지국으로 쳐들어갔다. (웃음).

경비원과의 몸싸움은 어쩔 수 없는 상황이었다.

"아무리 그래도 규정이기 때문에 절대 무단출입은 안 됩니다."

"뭐가 안 된다는 것이냐? 더 이상 못 참겠다. 누가 뭐라고 해도 들어간다!"

더 이상 체면이고 뭐고 거의 엉겨붙어 몸싸움 상태였다. 결국 밀치고 들어갔다. 경찰에 체포되지 않은 것이 이상할 정도였다. 하지만 내가 그 일로 형무소에 들어간다고 하더라도 상관없다고 생각했다. 만약 불법 침입으로 체포되더라도 나는 고객을 지키겠다. 고객의 통신을, 네트워크를 지킨다. 그렇게 하는 것이 정의라고 생각했다.

분명 사람이 만든 규칙은 있기 마련이다. 하지만 그것은 원래부터 불공평한 규칙이었다. 억지 주장일지 몰라도 나는 그렇게 생각했다. 형무소에 간다고 하더라도 잘못된 관행이기 때문에 상관없었다. 상대는 경비원 한 사람. 하지만 우리 쪽은 10여 명, 그래서 강제 돌파했던 것이다.

경비원에게 "당신의 판단으로 우리들을 막는 것은 이해한다. NTT 임원 전화번호를 알려줄 테니 '긴급사태로 어쩔 수 없습니다'라고 전화하라"고 했다. 경비원에게는 "당신 판단이 아니라, 혼자서 막아낼 도리가 없었기 때문에 어쩔 수 없이 들여보낸다고 생각해라. 당신 책임이 아니다"라는 말을 남기고 기지국 안으로 쳐들어갔다. 그때는 거의 제정신이 아니었다. (웃음).

여하튼 이렇게 해서 세계에서 가장 저렴한 브로드밴드가 만들어졌다. 그동안 그렇게 저렴한 가격이 실현될 수가 없다고 주장하던 NTT도 경쟁을 위해 같은 가격으로 인하했다. 그들은 불가능하다고 했다. ADSL과 같은 후진기술은 도입하지 않는다고 당시 NTT 사장이 공공연하게 말했다. 하지만 경쟁을 위해 그들도 우리를 따라서 동일가격으로 ADSL을 도입했다.

공정한 경쟁이 보다 많은 사람들에게 더욱 좋은 혜택을 가져오는 경우가 많다고 생각한다. 그만큼 고생한 보람이 있었다.

손의 병법

화(火). "일단 움직일 때 불처럼 맹렬한 기세로 임하라."

이념	도(道)	천(天)	지(地)	장(將)	법(法)
비전	정(頂)	정(情)	략(略)	칠(七)	투(鬪)
전략	일(一)	류(流)	공(攻)	수(守)	군(群)
마음가짐	지(智)	신(信)	인(仁)	용(勇)	엄(嚴)
전술	풍(風)	림(林)	**화(火)**	산(山)	해(海)

의사결정 Point

화(火)란 일단 공격할 때는 불처럼 맹렬하게 해야 한다는 의미. 단, 공격하기 이전에 70% 이상의 승리의 확신이 있는지를 치밀하게 계산해 내는 능력이 중요.

MEMO

《 질문 15 》

- 갑작스럽게 불상사가 발생했다. 가장 우선시할 일은 무엇인가?
- 당신이 리더라면 어느 쪽을 선택할 것인가?

선택 1 ● 보도 리스크를 회피하기 위해 극비리에 처리한다.
선택 2 ● 고객에 대한 설명 책임을 최우선. 보도 리스크는 각오한다.

나의 선택과 이유

손의 선택

고객에 대한 설명 책임을 최우선시한다.

"일시적으로 비난이 집중된다고 하더라도, 고객의 피해를 최소한으로 줄이기 위해 설명 책임을 져야 한다."

예상도 못한 불상사가 일어났다. 고객에 대한 설명을 가장 우선시해야 할까? 고객에게 설명한다는 것은 보도될 리스크가 높다는 뜻이다. 어느 쪽을 택해야 할 것인가? 여러분들은 99%가 고객에게 먼저 설명해야 한다고 했는데, 모두 대단하다. 역시 소프트뱅크 아카데미 후보생다운 대답이다.

과거에 소프트뱅크 고객 정보 약 452만 건이 부정 유출된 사건이 있었다. 당시 용역사원이 고객 리스트를 무단으로 반출하여 제3자에게 판매한 사건이다. 고객 데이터를 구매한 사람이 거꾸로 우리에게 1,500만 엔의 현금을 요구했다. 협박을 한 것이다.

경찰에 신고하지 않고 비밀리에 거래를 했더라면 아마도 언론 보도 리스크는 거의 없었을 것이다. 1,500만 엔의 지불을 거절하고 경찰에 신고했더니, 예상했던 대로 정보가 유출되었다. 하지만 우리는 부정적인 언론 보도 리스크를 각오하고, 협박범에게 굴하지 않고 단호하게 대응하였다. 마침 내가 해외 출장 중일 때 일어난 사건으로 언론에 대대적으로 보도되었다. 모든 신문의 1면 톱에 실렸다. NHK는 물론 민영방송까지 모든 TV 방송에 대대적으로 보도되었다.

나는 모든 일정을 취소하고 즉시 귀국하였다. 임원 회의에서는 거의 모든 임원들이 사장이 직접 기자 회견에 나가면 더욱 비난이 높아질 것이다. 따라서 담당 임원이나 부사장 레벨에서 기자 회견을 해야 한다는 의견이 지배적이었다.

나는 "조용히들 하라. 여기서 도망쳐서는 안 된다. 여기서 도망치면 시간이 아무리 지나도 상황이 진정되지 않는다. 도망친다는 그 자체가 부도덕한 일이다. 명확하게 사실 관계를 설명해야 한다. 내가 직접 모든 질문에 대답하겠다"라고 상황을 정리하고 2시간 15분에 걸친 기자회견에서 내가 직접 모든 질문에 대답하였다. "더 이상 질문은 없습니까?"라고 몇 번이나 물은 뒤, 더 이상 질문이 없다는 것을 최종 확인하고 나서야 기자회견을 종료하였다.

기자회견 후 부정적인 언론 보도가 연이어 나오는 바람에 많은 애를 먹었다. 싸구려 야후 BB는 접속도 안 된다고 여기저기서 비난을 받다가 겨우 시스템이 안정될 무렵에 정보 유출 사건이 터진 것이다. 이 사건으로 소프트뱅크 브랜드는 더욱 코너에 몰리게 되었다.

그렇지만 "우리는 불의에 굴하지 않고 정정당당하게 대응한다. 일시적으로 여론의 비난을 심하게 받더라도 고객의 피해를 최소화한다"라고 이미 사내 의사통일을 해 두었다. 또한 그동안 데이터베이스나 정보관리 업무를 사원들에게 믿고 맡긴다고 하는 성선설의 입장에서 일을 했다면, 그 사건 이후부터는 성악설에 입각하여 일을 하도록 기준을 변경하였다.

모든 사원들은 주머니가 없는 유니폼만 입도록 규정. 휴대폰 반입 금지, USB, 동글 등도 모두 금지하는 등 철저하게 개인 정보를 지키기 위하여 엄격한 기준을 운영하였다. 사실 사원을 믿지 못하는 성악설을 나는 본래 좋아하지 않는다.

하지만 그 덕분에 현재 우리 회사의 고객정보는 어느 회사보다도 엄격하게 잘 지켜지고 있다고 자부한다.

손의 병법

법(法). "기업을 영속시키는 것이 바로 법이다."

이념	도(道)	천(天)	지(地)	장(將)	법(法)
비전	정(頂)	정(情)	략(略)	칠(七)	투(鬪)
전략	일(一)	류(流)	공(攻)	수(守)	군(群)
마음가짐	지(智)	신(信)	인(仁)	용(勇)	엄(嚴)
전술	풍(風)	림(林)	화(火)	산(山)	해(海)

의사결정 Point

　법(法)이란 시스템이나 방법론, 룰이나 체제를 만드는 일을 의미한다. 특히 성장하는 기업에 있어 이러한 법칙이 잘 정비되지 않으면 커다란 조직으로 성장할 수 없다.

MEMO

《 질문 16 》

- 막 시작한 사업에서 막대한 적자를 내고 있다. 추가로 인원을 보충할 것인가?
- 당신이 리더라면 어느 쪽을 선택하겠는가?

선택 1 ● 대규모로 사원을 채용하여 사업의 급속한 확대를 꾀한다.

선택 2 ● 아르바이트나 아웃소싱 사원들을 조금씩 보충하면서 경영 리스크를 줄여 나간다.

나의 선택과 이유

손의 선택

대규모로 사원을 채용하여 급속한 사업 확대를 꾀한다.

"정보 보안성을 높이기 위해서는 코스트보다 일하는 사람들의 수준 높은 로열티를 우선시한다."

오늘 참석한 여러분의 대답은 거의 반반인 것 같다. 소프트뱅크가 낸 결론은 야후 BB의 사원이 1,700명이었던 시절, 3,000명의 대졸 신입사원을 일시에 채용했다. 회사 창사 이래 최대의, 전대미문의 채용을 한 것이다. 전체 사원의 거의 두 배 가까운 대졸 사원을 채용한 것이다.

그것은 즉, 회사에서 아르바이트, 아웃소싱을 모두 없애고 정사원 체제로 전환한 것을 의미한다. 지금 생각해봐도 엄청난 일을 저지른 것이다. 그 당시 야후 BB는 엄청난 적자를 내고 있는 상황으로 언제 망하더라도 이상하지 않은 회사였기 때문이다.

하지만 과감하게 그렇게 한 것은 고객 정보를 지키지 않으면 안 되었기 때문이다. 아웃소싱 사원이 고객 정보를 유출한 것은 무엇보다 회사에 대한 로열티가 낮았기 때문이라고 생각했다. 정사원을 한꺼번에 늘리면 경영 리스크는 높아지겠지만 고객 정보의 안전성은 높아진다.

그 당시 입사한 사원들은 현재 그룹의 중추 인재로 육성되었다. 어려운 결단이었지만 후회 없는 선택이었다고 생각한다.

손의 병법

수(守). "「자금」과 「정의」는 공격 경영의 원천이다."

이념	도(道)	천(天)	지(地)	장(將)	법(法)
비전	정(頂)	정(情)	략(略)	칠(七)	투(鬪)
전략	일(一)	류(流)	공(攻)	**수(守)**	군(群)
마음가짐	지(智)	신(信)	인(仁)	용(勇)	엄(嚴)
전술	풍(風)	림(林)	화(火)	산(山)	해(海)

의사결정 Point

수(守)란 캐시 플로우, 법령상의 리스크 관리, 컴플라이언스를 의미한다. 특히 벤처기업이 도산하는 대부분의 원인은 영업력이나 기술력보다 이러한 수(守) 경영이 안 되어 있는 경우가 많다.

《 질문 17 》

- 프로 스포츠 구단을 소유할 것인가?
- 당신이 리더라면 어느 쪽을 선택하겠는가?

| 선택 1 | 본업 이외에는 손을 대지 않는다. |
| 선택 2 | 필요한 투자로 보고 인수한다. |

나의 선택과 이유

손의 선택

필요한 투자로 보고 인수한다.

"구단 소유가 사업 단위로는 적자라도 회사 이름이 브랜드로서 일반 소비자들에게 알려짐으로써 본업의 수익성 향상에 일조하는 경우도 있다."

여러분 모두는 이 질문에 대해 인수하겠다고 했는데, 엊그제 우리 야구단이 리그 우승을 했으니 당연한 결과다. (웃음).

야구단 호크스를 인수하고 3년 정도는 솔직히 말해 '실패했다. 매수하지 말았어야 했는데'하고 생각했다. 야구단 소유의 직접적인 효과가 없었다. 거꾸로 매년 20억~30억 엔의 적자였다.

*소프트뱅크가 후쿠오카 다이에이 호크스를 인수한 때는 2004년 11월. 그해는 6월에 오릭스와 오사카 킨테츠의 합병 교섭이 표면화됨에 따라 프로야구 재편 문제가 발발. 팀 수 축소 및 양대 리그를 하나로 통일하자는 안이 나오면서 선수회가 반발. 구단과 선수, 그리고 구단과 야구팬의 불신이 심화. 일본 프로야구 사상 최대 위기를 맞게 됨. 킨테츠 인수를 둘러싸고 라이브 도어와 라쿠텐이 경쟁하고, 다이에이와 치바 롯데의 통합이 모색되는 등의 움직임 속에서 라쿠텐의 신규 참여와 소프트뱅크의 호크스 인수를 통해 기존의 쎄 리그(센트럴리그)와 파 리그(퍼시픽리그)

각 6개 구단에 의한 일본 프로야구 체제는 유지되었다. 그 후 양대 리그 12개 구단은 혼란기의 반성 측면에서 양대 리그 교류전 및 클라이막스 시리즈 등의 새로운 제도를 도입하게 되었다.

야구를 좋아하기 때문에 야구단을 인수한 것만은 아니다. 나는 사업가로서 다른 사람들의 돈을 맡아서 경영을 하는 사람이다. 앞에서 이야기한 1,000만 엔 아주머니 이야기에서 언급한 바와 같이 경영을 개인 취미로 해서는 안 된다.

그러면 왜 야구단을 인수했는가 하는 것이다. 가장 큰 경영상 이유는 휴대전화 사업을 해야겠다고 마음먹고 있었기 때문이다. 그때까지 일반 소비자에게 소프트뱅크 브랜드로 물건을 판매한 적이 없었다. 야후 BB는 야후 브랜드였다. 소프트뱅크의 도매 사업은 B2B로 직접 소비자에게 판매하는 것이 아니었다. 출판 사업이 그에 가깝기는 하나, 잡지가 어느 출판사에서 출판된 것인지 하나하나 체크하고 사는 사람은 거의 없다.

하지만 휴대전화 사업은 B2C로서 소비자 한 사람 한 사람에게 브랜드를 인지시키지 않으면 안된다. 소프트뱅크 브랜드를 국민적인 스포츠인 야구와 오버랩시키는 데에 경영적인 의미가 있었던 것이다.

따라서 비록 연간 20억 엔~30억 엔의 적자를 내고 있지만, 소프트뱅크 그룹 전체 브랜드 홍보를 하는 데에 경영측면에서도 크게 기여하고 있다고 생각한다.

그리고 우승. 이는 경영과 상관없이 꿈같은 일이다. 마음속에서 만세! 만세!를 엊그제부터 외치고 있다. (웃음). 너무 기분 좋다.

손의 병법

략(略). "엄선된 「략(略)」만이 「정(頂)」을 실현한다."

이념	도(道)	천(天)	지(地)	장(將)	법(法)
비전	정(頂)	정(情)	략(略)	칠(七)	투(鬪)
전략	일(一)	류(流)	공(攻)	수(守)	군(群)
마음가짐	지(智)	신(信)	인(仁)	용(勇)	엄(嚴)
전술	풍(風)	림(林)	화(火)	산(山)	해(海)

의사결정 Point

략(略)이란 생략한다는 말로 비전을 달성하기 위해서는 애써 수집한 정보 중에서 불필요한 모든 군더더기를 제거하고 남은 가장 근본적인 줄기, 반드시 해야 할 급소를 찾아 공략해야 목표, 비전을 성취할 수 있다.

MEMO

《 질문 18 》

- 해외 진출, 어떤 방식으로 하는 것이 좋은가?
- 당신이 리더라면 어느 쪽을 선택하겠는가?

| 선택 1 | 100% 직접 진출한다. |
| 선택 2 | 파트너를 통해 우회 진출한다. |

나의 선택과 이유

손의 선택

파트너 전략을 중시한다.

"자사의 중핵 사업을 제외한 모든 사업에 대해서 적극적으로 파트너 제휴 전략을 채택한다."

이 질문에 대해서 거의 모든 사람들이 파트너 전략을 중시한다고 대답하였는데, 그것은 여러분들이 소프트뱅크를 잘 알고 있기 때문이라고 생각한다.

하지만 토요타, 혼다, 소니, 마이크로소프트, 애플, 시스코시스템즈 할 것 없이 대부분의 회사들은 직접 진출 전략을 쓴다. 소프트뱅크 정도 규모의 회사 중에서 파트너 전략을 고집하고 있는 회사는 거의 없다고 생각한다.

소프트뱅크는 앞으로도 해외에서는 파트너 전략을 중심으로 사업을 해 나갈 생각이다. 일본 내에서도 파트너 전략을 쓰는 것이 유리하다고 판단되는 경우에는 철저하게 파트너 전략을 채용할 것이다. 그런 측면에서 나의 선택은 '파트너 전략을 채택한다'이다.

물론 중핵 사업에 대해서는 절대적으로 우리가 직접 운영해야 하는 경우도 있다. 좀 전에 언급한 브로드밴드, 또는 휴대전화 사업과 같은 것이 그 예이다.

그러나 그 외 대부분의 사업은 파트너 전략을 중심으로 운영하고 있다. 그 하나의 사례가 알리바바 사업과 알리바바와 함께 만든 타오바오(오픈마켓)이다.

*1999년 중국 절강성에서 설립된 알리바바는 제조 및 판매를 희망하는 기업과 구매를 희망하는 기업을 네트워크상으로 연결하는 국제적인 기업 간 거래 포털사이트. 소프트뱅크는 알리바바에 약 20억 엔을 출자하고 알리바바 창업자인 마윈은 현재 소프트뱅크의 이사회 멤버를 겸하고 있다.

타오바오는 알리바바와 소프트뱅크의 합작회사이며 2003년에 설립되어 중국 최고 마켓 셰어를 자랑하고 있는 아시아 최대 전자상거래 포털이다. 타오바오의 옥션 서비스는 소프트뱅크가 출자금을 제공하고 알리바바가 운영하는 형식을 취하고 있다. 2010년 5월부터는 야후 재팬과 타오바오 간 업무 제휴를 통해 상호 거래 서비스를 개시함으로써 세계 최대 e커머스 시장을 만들었다. 야후나 타오바오 둘 중 어느 한쪽의 회원인 경우 일부 상품에 대해 상호 주문, 구입이 가능하도록 되어 있으며, 향후 그 대상 상품을 확대할 예정이다. 일본에 있어 야후 옥션과 마찬가지로 타오바오.com은 중국 내에도 약진하여 그동안 마켓 셰어 70%를 차지하고 있던 이베이가 중국에서 철수하는 결과를 가져왔다.

알리바바는 원래 B2B를 하던 회사인데 타오바오의 B2C, C2C 사업은 소프트뱅크 50%, 알리바바 50%의 지분으로 회사를 설립하였다. 자금은 소프트뱅크가 100% 출자하고 알리바바가 운영하는 형태이다.

손의 병법

군(群). "지속 성장의 밑거름. 군(群) 전략."

이념	도(道)	천(天)	지(地)	장(將)	법(法)
비전	정(頂)	정(情)	략(略)	칠(七)	투(鬪)
전략	일(一)	류(流)	공(攻)	수(守)	**군(群)**
마음가짐	지(智)	신(信)	인(仁)	용(勇)	엄(嚴)
전술	풍(風)	림(林)	화(火)	산(山)	해(海)

의사결정 Point

군(群) 전략이란 각 회사는 자립, 분산되어 운영되지만, 멀티 브랜드, 멀티 비지니스 모델로 결합되어 있는 시너지 그룹을 형성하여 대응한다는 의미. 소프트뱅크는 향후 300년 이상 지속되는 회사가 되기 위해 30년 이내에 5,000개 회사의 군 형성을 목표하고 있다.

MEMO

《 질문 19 》

- 불공평한 규제를 따라야 할 것인가?
- 당신이 리더라면 어느 쪽을 선택할 것인가?

| 선택 1 | 규제를 준수한다. |
| 선택 2 | 규제당국과 싸워 나간다. |

나의 선택과 이유

손의 선택

규제당국과 싸워 나간다.

"우리 회사를 관리, 감독하는 관청을 제소하다."

모두 규제당국과 싸우겠다고 대답했는데, 대단한 용기라고 생각한다. 하지만 일본 역사상 자기 회사를 감독하는 관청을 제소한 극단적 사례는 없었기 때문에 엄청난 용기가 필요했다.

이것은 휴대전화 사업을 할 때의 사례이다. 나는 90년대 후반에 이미 모바일 네트워크 시대가 도래할 것을 확신하고 있었기 때문에 2000년경부터 정부에 800메가헤르츠대의 신규 참여를 여러 번 신청하고 있었다.

하지만 나는 당시 정부의 눈 밖에 나는 바람에 총무성 출입이 금지된 상태라 국장, 부장급들에게 면담 요청을 해도 만나주지 않는 상황이 몇 년이나 지속되고 있었다. 그래서 당시 총무성 장관실에 가서 장관에게 국장, 부장이 줄줄이 배석해 있는 가운데, 꽤 오랜 시간 동안 죽을 각오로 책상을 내리치며 울분을 토하였다. 방을 나올 때 손이 부어오를 정도였다. (웃음).

그 자리에서 장관이 "손 사장 이야기가 사실인가, 어떻게 된 일인가?"라고 물으니 그들은 '그는 말도 안 되는 소리만 한다'고 답변을 하는 것이었다. 처음에는 부드러운 분위기에서 이야기가 시작되었으나, 점점 화가 치밀어 결국 폭발하여 "당신들 가만두지 않겠다"고 했다. 물론 장관에게 당신이라고 하지는 않았다. (웃음). 결국 장관이 "손 사장 좀 참으시오"라고 말리는 바람에 화를 누그러뜨렸지만. (웃음).

마지막으로 "장관님. 수차례에 걸쳐 이분들에게 추가 사업자의 필요성을 아무리 이야기를 해도 들어주지 않으니 저에게 마지막으로 남은 수단은 총무성을 제소하는 수밖에 없습니다. 이는 장관님을 제소하는 것이 됩니다만, 괜찮으시겠습니까?"라고 했다. 그랬더니 장관이 "그것은 어쩔 수 없지 않은가?"라고 답변하였다. "법으로 소송은 보장되어 있네." "알겠습니다. 그러면 소송을 하도록 하겠습니다." 이렇게 된 것이다.

이 또한 여론을 발칵 뒤집어 놓은 사건이 되었다. 신문, TV 모든 매체에 보도되는 등 큰 소동이 일어났다. 하지만 굴하지 않았다. 상대방이 잘못되었다고 생각될 때는 절대로 굴하지 않는다. 그 상대가 총무성이든 경비원이든 상관없다. 하지만 법을 위반해서는 안 된다. (웃음). 법을 지키는 형태로 끝까지 싸워 나가야 한다.

*소프트뱅크 BB는 2004년에 총무성에 의해 800메가헤르츠대 고주파수 할당 방침안의 금지 등을 요구하는 가처분 신청을 동경 지방재판소에 신청하였다. 소프트뱅크는 주요 신문에 의견 광고도 게시하는 등 폭넓은 논의를 유도하였다. 다음해 소프트뱅크(BB모바일)와 이모바일 양사에 1.7기가헤르츠대의 휴대전화 사업의 실험 면허가 교부되었다.

제소를 단행한 때가 2004년. 그 당시 총무성 장관이 나중에 수상이 된 아소타로 씨였다. 나는 아소타로 장관과는 이전부터 친분이 있었기 때문에 그와는 어떤 원한도 없었다. 아소 씨가 장관이었던 때에 제소한 것은 지금도 마음이 아프다. 가슴은 아픈 일이지만 불공평하다고 생각한 것에 대해서는 싸워야 한다. 그것이 내 성격이고 내 인생 지론이다.

손의 병법

투(鬪). "비전 실현을 위해서는 고군분투가 필요하다."

이념	도(道)	천(天)	지(地)	장(將)	법(法)
비전	정(頂)	정(情)	략(略)	칠(七)	**투(鬪)**
전략	일(一)	류(流)	공(攻)	수(守)	군(群)
마음가짐	지(智)	신(信)	인(仁)	용(勇)	엄(嚴)
전술	풍(風)	림(林)	화(火)	산(山)	해(海)

의사결정 Point

이념이나 비전을 달성하기 위해서는 어떠한 어려움, 난관도 극복해내겠다는 자신감, 각오가 필요하다. 이것이 없으면 아무리 훌륭한 비전, 전략도 하나의 공치사로 끝나기 쉽다.

MEMO

《 질문 20 》

- 이익이 계속 줄고 있는 타사의 사업이 있다. 현재의 이익을 유지할 수 있다면 수익성은 있다. 이 사업을 인수해야 할 것인가?
- 당신이 리더라면 어느 쪽을 선택할 것인가?

선택 1	현재가치로 평가한 금액으로 인수해야 한다.
선택 2	이익이 더 줄어든다는 전제하에 평가한 금액이 아니면 인수해서는 안 된다.

나의 선택과 이유

손의 선택

현재가치로 평가한 금액으로 인수해야 한다.

"단, 보통은 미래가치로 인수한다. 하지만 저가 매수를 기다려서는 사업 자체가 회복 불능이 된다고 판단한 경우, 현재가치로 인수한다."

만약 이대로 이익이 유지된다면 인수해 볼 만하다. 하지만 지금 이익이 급격히 줄어들고 있는 중이다. 그렇다면 이익 감소가 멈춘다는 전제하에 현 시가로 인수해야 하는가? 아니면 더 줄어든다는 전제하의 가치가 아니면 인수를 포기할 것인가?

여러분의 선택은? 여러분의 의견은 거의 반반인 것 같다. 나도 100번 중에 98번은 이익이 더 줄어든다는 가정하의 금액이 아니면 인수하지 않는다. 하지만 100번 중 2번 정도는 이익 감소는 이제 멈출 것이라는 전제하에 또는 역전된다는 판단하에 거액을 투자해서라도 매수하는 경우가 있다.

이번에 드는 예는 보다폰 재팬 인수 사례이다. 당시 이익이 급격히 줄어들기 시작해 우리가 인수하기 직전에는 대폭 이익이 줄어 그대로라면 1년 후에는 적자로 전환될 상황이었다. 더욱이 그 6개월 뒤에는 번호 이동제가 시작될 예정이었다.

* 보다폰 재팬의 인수 교섭이 완료된 때는 2006년 3월. 전화번호는 그대

로 유지하면서 휴대폰 회사를 변경할 수 있는 번호 이동제의 개시가 그 해 10월 예정이었다. 그때까지 일반 사용자는 타사의 매력적인 기종이나 요금 제도가 있더라도 친구, 지인에게 번호 변경을 일일이 알려야 하는 번거로움이 커다란 심리적 장벽이었다.

인수 후에 고객 앙케트를 했더니 1/3의 사람들이 보다폰을 해약하겠다고 회답했다. 1/3의 고객이 해약을 한다면 그냥 적자가 아니라 대폭 적자가 된다. 경영이 유지되지 않는 것이다. 그런 회사 인수에 이미 약 2조 엔을 지불한 상황이었다. 되돌아갈 수도 없다. 어떻게 할 것인가?

앙케트를 본 순간, 충격을 받았다. 큰일났다는 생각을 했다. 왜 사전에 앙케트를 하지 않았나 묻고 싶겠지만, 상장 회사인 우리가 매수의사를 공개적으로 알리는 앙케트를 할 수는 없는 상황이었다.

번호 이동제가 개시되고 나서 싼값으로 인수하면 되지 않겠는가라고 생각할지도 모르겠다. 보통은 그렇게 한다.

하지만 내가 생각한 것은 만약 해약이 가속화된 뒤에 인수하게 된다면 회사 재건이 훨씬 더 어려울 것이다. 높은 가격으로 인수하더라도 회복 가능한 국면에서 인수하는 것이 유리하겠다고 판단한 것이다. 그야말로 엄청난 도박을 하였다. 결국 저 밑바닥까지 떨어졌던 이익이 다행히 인수 직후부터 급상승하였다. 정말로 행운이었다. (웃음).

휴대폰 사업을 나타내는 그래프 한 장으로 수익 추이만을 보면,

그다지 큰 어려움 없이 성과를 이룬 것 아닌가? 운 좋게 보다폰 광고가 대박을 친 덕택에 쉽게 고객을 모으지 않았나? 아이폰 실적이 크게 기여해서 상대적으로 쉽게 한 사업이 아니었나 등등 여러 가지 생각을 할지 모른다.

하지만 사업이라는 게 그렇게 간단하지 않다. 사업을 일으키기 위해 죽을 힘을 다해 미친듯이 일을 해야 했고, 때로는 엄청난 도박을 했다.

손의 병법

류(流). "주류(主流)가 될 수 없는 곁가지를 고르는 자에게 승리는 없다."

이념	도(道)	천(天)	지(地)	장(將)	법(法)
비전	정(頂)	정(情)	략(略)	칠(七)	투(鬪)
전략	일(一)	류(流)	공(攻)	수(守)	군(群)
마음가짐	지(智)	신(信)	인(仁)	용(勇)	엄(嚴)
전술	풍(風)	림(林)	화(火)	산(山)	해(海)

의사결정 Point

　지금은 작더라도 5년 후, 10년 후, 30년 후에 본류가 될 산업과 분야의 시장을 공략하라는 의미. 또는 자신이 시장을 뒤집어 단독 1등이 될 자신이 있는 분야를 공략해야 한다는 뜻.

《 질문 21 》

- 막대한 부채를 동반하는 신규 사업이 있다. 어떻게 할 것인가?
- 당신이 리더라면 어느 쪽을 선택할 것인가?

선택 1 ● 추진한다.

선택 2 ● 추진해서는 안 된다.

나의 선택과 이유

손의 선택

추진한다.

"단, 수단을 선택하는 것에 대해서는 치밀한 검토를 한 뒤에 비전에 기초해서 판단을 해야 한다."

　이 질문에 대한 여러분의 대답은 '70%가 추진해서는 안 된다'고 답하였다.

　우리에게는 보다폰 재팬을 인수하는 방법 외에도 우리가 직접 추진하는 대안도 있었다. 하지만 총무성을 제소한 결과, 1.7기가헤르츠대에 대한 인허가를 취득하게 되었다. 우리 사업계획으로는 5년 후나 10년 후에는 손익분기점에 도달할 것으로 예상되었다.

　1.7기가헤르츠대는 현재 이모바일과 동일한 인허가이다. 우리는 소송을 통해 총무성과 싸워서 인허가를 받았지만, 소송도 하지 않고 같은 전파를 받은 곳이 바로 이모바일이다. 싸우지도 않고 기를 쓰지도 않고, 큰 소리 한마디 하지 않고 동일한 전파를 할당받았다. 거의 공짜로 주운 것이다. (웃음).

　센모토 이모바일 회장으로부터 '손 사장 고맙네'라는 인사를 몇 번이나 받았다. 인사만 하시고는…. (웃음). 여하튼 그들은 그렇게 신규로 참여하게 되었다. 지금은 서로 경쟁하는 관계지만, 센모토 회장님은 내가 크게 존경하는 분이다.

당시 휴대폰 사업을 하는 데 있어 우리에게는 세 가지 선택지가 있었다. 지금 이야기한 것처럼 독자적으로 1.7기가헤르츠대로 진출하는 방법, 또는 다른 회사를 인수하는 방법이 있었다. 또 하나는 MVNO. 즉, 보다폰 재팬의 통신 인프라를 빌려 휴대폰 사업을 하는 방법이다.

*MVNO란 자사의 휴대 전화 회선망을 가지지 않고 통신 사업자로부터 통신망을 빌려 독자적으로 통신 서비스를 이용자에게 판매하는 사업자를 이르는 말. 독자적으로 통신망을 구축하는 것보다 초기 코스트가 대폭 낮아지는 반면, 제공자 측의 기지국 숫자에 따라 통신 가능 지역이 한정되는 등의 단점이 있다.

당시 보다폰 재팬이 보유하고 있던 기지국수는 NTT 도코모, KDDI를 크게 밑돌고 있었으며, 또한 제3세대(3G) 휴대전화 서비스 진출이 늦어지는 등의 문제와 더불어 잦은 요금 체계 변경 등으로 계약자가 지속적으로 줄어들고 있었다.

실은 보다폰 재팬과는 MVNO사업을 하는 것으로 협상이 거의 마무리 단계에 있었다. 그들의 휴대전화 인프라를 빌려 우리가 패키지 서비스를 판매하는 형태로 사업에 참여하는 방안을 계획하고 있었다.

하지만 보다폰 재팬의 인프라를 빌려서 사업을 하는 한, 그들이 안고 있는 약점에서 벗어날 수 없는 상황이었다. 그것보다는 2조 엔을 지불하고 인수한 뒤, 우리가 직접 인프라를 개선하는 것이 보다 빠르게 비전을 달성하는 길이라고 생각했다. 그런 판단에 따라 최종적으로 인수를 단행하게 되었다.

손의 병법

용(勇). "물러설 각오만큼, 큰 용기는 없다."

이념	도(道)	천(天)	지(地)	장(將)	법(法)
비전	정(頂)	정(情)	략(略)	칠(七)	투(鬪)
전략	일(一)	류(流)	공(攻)	수(守)	군(群)
마음가짐	지(智)	신(信)	인(仁)	**용(勇)**	엄(嚴)
전술	풍(風)	림(林)	화(火)	산(山)	해(海)

의사결정 Point

본문에서는 병법으로 용(勇)을 들고 있으나, 실제는 투(鬪)로 보는 것이 이해가 쉽다. 즉 이념이나 비전을 달성하기 위해서는 어떠한 어려움, 난관도 극복해 내겠다는 자신감, 각오가 필요하다.

《 질문 22 》

- 대규모 기업 인수를 해야 한다. 어떤 방식으로 하는 것이 좋은가?
- 당신이 리더라면 어느 쪽을 선택할 것인가?

선택 1 — 주식 교환. 자사의 발행 주식/증권, 또는 보유 주식 등으로 인수 회사의 발행 주식을 인수하여 자회사화한다.

선택 2 — 현금으로 인수한다.

나의 선택과 이유

손의 선택

현금으로 인수한다.

"단, 재무적 리스크를 줄이는 방안을 구축하는 것이 조건."

이 질문에 대한 대답은 거의 반반인 것 같다. 해외에서 기업 인수는 거의 대부분이 주식 교환 방식으로 한다. 보다폰 재팬을 현금 약 2조 엔으로 인수한 것은 일본 역사상 최대 규모였다.

지금 생각해 봐도 얼마나 무모한 딜이었는지 아찔하다. 보통은 이렇게 딜을 하지는 않는다. 게다가 수중에 현금이 없어 차입금으로 인수해야 하는 상황이었으며, 보다폰 재팬의 이익은 대폭 감소하고 있는 시기였기 때문에 일상적으로 생각하면 거의 미친 짓에 가까운 딜이었던 것이다.

그런 측면에서 상당히 위험한 의사결정을 한 것이다. 비정상적인 가격으로 인수했다고 하는 것이 해외에서의 일반적인 평가였으며, 일본에서도 그런 인식이 강했다. 하지만 재무적으로 소프트뱅크는 보다폰 인수에 관련한 채무 보증을 하지 않았다. 자본금으로 2,000억 엔을 출자한 것밖에는 없다. 나머지는 여러 방법을 통해 자금을 모았다.

* 소프트뱅크가 보다폰을 인수할 때 쓴 방법은 보다폰의 자산을 담보로 자금을 조달하는 이른바 LBO 방식을 채용했다. 또한 직접 인수한 곳은

소프트뱅크 본사와는 관계가 없는 별도 자회사인 소프트뱅크 모바일로 LBO에 의해 조달된 자금의 부족분을 소프트뱅크 및 야후 재팬이 출자하는 형식을 취했다.

보다폰을 인수한 소프트뱅크 모바일은 별도 회사로서 만일 도산한다고 하더라도 소프트뱅크 본사는 자본금으로 출자한 2,000억 엔 외에는 채무 보증을 하지 않았다. 따라서 사실 재무 리스크는 거의 없었다. 2,000억 엔의 손실이라면 소프트뱅크 주가의 10% 정도로 도마뱀 꼬리 정도였던 것이다. 손실을 보더라도 90%는 안전한 것이었다.

물론 도의적인 책임은 피할 수 없다. 보증을 서지 않았고 은행과의 계약서에 채무 보증 조항이 들어 있지는 않지만 역시 우리에게는 도의적 책임, 경영자로서의 사회적 책임이 있다. 따라서 사실 이 딜은 배수의 진을 친 것이나 다름이 없었다.

그러나 재무 면에서는 손절하는 방식으로 리스크를 최소화하고 나아가 주식교환 방식에서 나타날 수 있는 의결권 저하 등과 같은 사태를 피할 수 있는 계약을 하는 등 이중, 삼중의 안전장치를 만들어 놓았었다.

손의 병법

칠(七). "70% 이상 확신이 서는 사업만 한다."

이념	도(道)	천(天)	지(地)	장(將)	법(法)
비전	정(頂)	정(情)	략(略)	**칠(七)**	투(鬪)
전략	일(一)	류(流)	공(攻)	수(守)	군(群)
마음가짐	지(智)	신(信)	인(仁)	용(勇)	엄(嚴)
전술	풍(風)	림(林)	화(火)	산(山)	해(海)

의사결정 Point

칠(七)은 미래에 주류(主流)가 될 사업이면서 70% 이상 성공에 대한 확신이 서는 사업에 한해서 사업을 한다는 의미와 함께 만약 실패하더라도 조직에 30% 이상의 피해는 주지 않는다는 의미가 있다.

MEMO

《 질문 23 》

- 인수기업의 통합작업은 어떤 방식으로 하는 것이 좋은가?
- 당신이 리더라면 어느 쪽을 선택할 것인가?

| 선택 1 | 상대방의 매니지먼트 및 룰을 존중하면서 통합을 도모한다. |
| 선택 2 | 우리 방식을 도입하여 일거에 통합을 도모한다. |

나의 선택과 이유

_____
_____
_____
_____
_____
_____
_____

손의 선택

우리 방식을 도입하여 일거에 통합한다.

"점진적인 경영 통합은 모두 실패. 보다폰 재팬 인수 시에는 한 치의 양보 없이 일거에 경영 통합 진행."

수천억 엔, 또는 몇 조 엔을 투입하여 회사를 인수하였다. 인수한 회사의 매니지먼트를 존중하면서 경영 통합을 할 것인가? 또는 우리 방식대로 밀어붙여 일거에 통합할 것인가? 어려운 문제인데, 여러분들의 70%는 순차적으로 통합하겠다고 대답하였다.

나도 처음에는 모두 순차 통합 방식을 적용했다. 지프 데이비스, 컴덱스, 킹스톤 테크놀로지, 그리고 일본텔레콤. 커다란 인수는 모두 순차 통합 방식을 채용했다. 거금을 투지해시 인수했지만, 상대가 지금까지 축적한 노하우 및 룰, 매니지먼트, 사람을 존중하지 않으면 한꺼번에 몇 천억 엔이 날아가 버릴지도 모른다.

사원들이 등을 돌리게 되면 레스토랑으로 치면 음식 맛이 바뀌는 꼴이 되는 것이다. 그렇게 되어서는 무엇 때문에 비싼 돈을 내고 인수를 했는지 의미가 없어진다. 따라서 일반적으로는 그 회사 문화를 존중해야 한다고 믿고 있다.

하지만 지프 데이비스, 컴덱스, 킹스톤, 일본텔레콤도 어떤 의미에서는 아오조라 은행도 커다란 인수는 모두 그 방법 때문에 실패했다는 생각이 강하다. 나에게는 격정적인 사람이라는 이미지가 항상 따라다니는 것 같은데, 나는 사실 의외로 본성이 착한 사람이다. 상대방을 존중해야 한다고 생각하는 타입이다. 가능한 한 싸움은 하지 말자는 주의이다.

가끔 살짝 삐치는 경우가 있기는 하지만, 그래도 내가 책상을 내리치면서 화를 내는 경우는 내 기분의 문제라기보다 고객을 지켜야 한다는 생각이 강하게 들 때이다. 고객의 이익에 부합하지 않는 불합리한 것에 대해서는 한 치의 양보도 없이 물불 가리지 않고 싸운다. 자신의 기분이나 성격 때문에 화를 내거나 삐치는 경우는 거의 없다.

하물며 수천억 엔을 지불하고 인수한 회사의 경우라면 가능한 한 거기에 있는 사원, 매니지먼트, 고객들을 존중해야 한다는 마음을 늘 가지고 있다. 하지만 결과는 전부 실패였다. 적어도 그때까지의 소프트뱅크가 인수한 회사에서 그렇게 한 곳은 모두 실패했다.

이번에는 약 2조 엔을 투자하여 보다폰 재팬을 인수했다. 이것이 만약 잘못된다면 소프트뱅크 가치는 90% 이상 사라질 것이다. 소프트뱅크는 도산할지도 모르는 큰 승부였다.

불퇴전의 각오를 다지는 차원에서 우선 나 자신이 첫날부터 사장을 맡았다. 그때까지 해왔던 보다폰의 일하는 방식을 모두 제로에서부터 다시 세팅했다. 일체의 타협 없이 하나부터 열까지 모두 직접 관여하였다. 현장에 직접 나섰다.

야후 BB 시절에도 같은 방법으로 일했다. 그것은 인수가 아니라, 직접 개발한 사업이었지만 일은 그렇게 했다. 또한 보다폰을 인수한 소프트 모바일, 그리고 창업 시 소프트뱅크의 도매 사업과 출판 사업, 이들은 모두 내가 직접 진두지휘하여 회사의 골간을 만들었다.

　더 이상 타협은 없다. 과거의 습관도 매니지먼트도 일절 존중하지 않았다. 그야말로 불퇴전의 각오로 임했다. 옳다고 생각한 것 이외는 받아들이지 않았다. 바르다고 판단한 것 이외는 하지 않았다. 그런 측면에서 좋은 게 좋다는 식으로 일하지 않는 조직문화를 만드는 것 또한 경영자에게 있어 중요한 책임이라고 생각한다.

손의 병법

엄(嚴). "리더는 때로는 애정을 지닌 악마가 되어야 한다."

이념	도(道)	천(天)	지(地)	장(將)	법(法)
비전	정(頂)	정(情)	략(略)	칠(七)	투(鬪)
전략	일(一)	류(流)	공(攻)	수(守)	군(群)
마음가짐	지(智)	신(信)	인(仁)	용(勇)	**엄(嚴)**
전술	풍(風)	림(林)	화(火)	산(山)	해(海)

의사결정 Point

　진정한 리더가 되기 위해서는 때로는 자기 자신에 대해서도, 가장 신뢰하는 부하에 대해서도 엄격해야 한다. 맺고 끊는 것이 분명해야 한다. 그래야 조직의 기강이 잡힌다.

MEMO

《 질문 24 》

- 구조조정은 반드시 해야만 하는가?
- 당신이 리더라면 어느 쪽을 선택하겠는가?

| 선택 1 | 필요에 따라 실시한다. |
| 선택 2 | 구조조정을 해서는 안 된다. |

나의 선택과 이유

손의 선택

구조조정을 해서는 안 된다.

"회사가 정말로 위험한 때에는 구조조정을 해야겠지만, 그것은 마지막 수단이며, 회피하기 위해 가능한 모든 노력을 해야 한다."

'구조조정을 해야 한다'고 답한 사람들이 30% 정도인데, 나는 회사 경영이 더 이상 불가능할 만큼, 도저히 어쩔 수 없는 경우는 공헌도가 낮은 쪽부터 5%, 10%의 사원을 구조조정해야 한다고 생각한다.

회사가 정말로 어려운 경우라면 나도 구조조정을 선택할 것이다. 하지만 적어도 소프트뱅크 30년 역사에서 실제로 나는 단 한 번도 구조조정을 한 적이 없다.

보다폰 재팬을 인수했을 때에도, 컴텍스나, 지프 데이비스 사업을 철수할 때에도 구조조정은 하지 않았다. 우리 그룹은 군(群 : 무리) 전략을 채택하고 있기 때문에 잉여인력은 성장하고 있는 사업으로 얼마든지 이동시킬 수가 있다. 그룹 내 이동으로 구조조정은 회피 가능했던 것이다.

하지만 회사를 존속시키는 것이 선결 조건이다. 이를 위한 마지막 판단은 필요하다. 하지만 마지막 수단을 피하기 위해 할 수 있는 모든 노력을 다해야 하는 것이 경영자의 책임이며 역할임을 잊어서는 결코 안 된다고 생각한다.

손의 병법

인(仁). "리더는 모든 사람에 대한 애정이 있어야 한다."

이념	도(道)	천(天)	지(地)	장(將)	법(法)
비전	정(頂)	정(情)	략(略)	칠(七)	투(鬪)
전략	일(一)	류(流)	공(攻)	수(守)	군(群)
마음가짐	지(智)	신(信)	**인(仁)**	용(勇)	엄(嚴)
전술	풍(風)	림(林)	화(火)	산(山)	해(海)

의사결정 Point

정보혁명을 성취하고자 하는 목적은 사람들을 행복하게 하기 위한 것이다.

그것이 일의 본질이다. 역설적이지만 리더 자신에게 깊은 인애가 있어야만 진정한 정보혁명을 이루어낼 수 있다.

MEMO

《 질문 25 》

- 치열한 가격 경쟁을 해야만 하는가?
- 당신이 리더라면 어느 쪽을 선택할 것인가?

선택 1 ● 안정된 이익 확보를 위해 가격 경쟁은 도모하지 않는다.

선택 2 ● 마켓 셰어 확보를 위해 가격 경쟁을 도모한다.

나의 선택과 이유

손의 선택

마켓 셰어 확보를 위해 가격 경쟁을 도모한다.

"가격 경쟁은 다른 특별한 대응 수단이 없을 경우에만 써야 하며 그 효과를 극대화하기 위해서는 상대의 급소를 파악하는 능력이 필요하다."

여러분의 70%는 마켓 셰어 확보를 위해 가격 경쟁을 도모해야 한다고 하였는데, 그렇게 대답한 사람들이 경쟁 상대라면 나는 가능하면 피하고 싶다. (웃음). 소프트뱅크는 항상 경쟁 타사에게서 미운털이 박혀 있다고 생각한다.

소프트뱅크는 무슨 사업을 하든 항상 신규로 참여하는 쪽이다 보니 기존 사업자를 공격해야 하는 우리로서는 가격 경쟁을 유발할 수밖에 없었다. 야후 BB 시절도 그랬다. 화이트 플랜, 화이트 학생 할인, 화이트 가족 할인제도 도입도 그랬다.

단, 이런 마케팅을 매월 하면 회사가 유지되기 어렵다. 따라서 바로 이 시점이다라는 확신, 타이밍, 급소가 보일 때 또는 그 외에는 별다른 대안이 없는 경우에만 한정해서 써야 한다.

가격 경쟁을 부추겨서라도 마켓을 확보해야 할 때나, 사업 영역을 확장해야만 할 때 가끔 써야지, 너무 자주 써서는 안 된다. 결과적으로 우리는 화이트 플랜을 도입하고 나서 시장 점유율을 급격하게 늘릴 수 있었다.

따라서 이러한 여러 가지 조건을 충족하는 경우, 가격 경쟁은 강력한 하나의 전략이 된다고 생각한다. 하지만 가격 경쟁은 하나의 전략일 뿐 전략의 전부는 아니라는 점을 명심해야 한다.

손의 병법

투(鬪). "비전 실현을 위해서는 고군분투가 필요하다."

이념	도(道)	천(天)	지(地)	장(將)	법(法)
비전	정(頂)	정(情)	략(略)	칠(七)	**투(鬪)**
전략	일(一)	류(流)	공(攻)	수(守)	군(群)
마음가짐	지(智)	신(信)	인(仁)	용(勇)	엄(嚴)
전술	풍(風)	림(林)	화(火)	산(山)	해(海)

의사결정 Point

이념이나 비전을 달성하기 위해서는 어떠한 어려움, 난관도 극복해내겠다는 자신감, 각오가 필요하다. 이것이 없으면 아무리 훌륭한 비전, 전략도 하나의 공치사로 끝나기 쉽다.

《 질문 26 》

- 전략적 파트너는 어떻게 선택하는 것이 좋은가?
- 당신이 리더라면 어느 쪽을 선택할 것인가?

| 선택 1 | 조건은 까다롭지만 넘버원 기업을 선택한다. |
| 선택 2 | 상대하기 쉬운 상대를 고른다. |

나의 선택과 이유

손의 선택

조건은 까다롭지만 넘버원 기업을 선택한다.

"조건이 까다로운 상대란 다른 측면에서 보면 어느 정도 노하우와 포지션을 가지고 있는 기업이기 때문이다."

이 질문에 대해 여러분의 70%가 조건이 까다로운 넘버원 기업을 선택했다. 소프트뱅크 역시 지금까지 수많은 회사와 제휴를 해왔는데, 이 질문에 대한 좋은 예가 마이크로소프트와 시스코시스템즈와의 제휴이다.

조건이 까다롭더라도, 통합이 어렵더라도 경쟁력이 있는 상대와 제휴해야 한다는 것이 평상시 나의 지론이다. 조건이 까다로운 상대라고 하는 뜻은 나름대로 독자적인 노하우를 많이 가지고 있는 기업이라는 뜻이기도 하다. 또한 시장에서 자기만의 확실한 포지션을 가지고 있다는 뜻이기도 하다

구체적인 기업명을 밝힐 수는 없지만, 위에서 언급한 기업들 이외도 유사한 사업을 여러 번 제안하였지만 서로 뜻이 맞지 않아 제휴가 이루어지지 않은 기업도 많다.

그만큼 소프트뱅크는 비전을 달성하기 위해 수많은 기업들과 끊임없이 접촉하고 기업 가치를 평가하여 미래를 함께할 전략적 사업 파트너를 발굴하는 데 엄청난 에너지를 쏟아왔고, 지금도 많은 에너지를 쏟고 있다는 점을 기억해 주었으면 한다.

손의 병법

군(群). "지속 성장의 밑거름. 군(群) 전략."

이념	도(道)	천(天)	지(地)	장(將)	법(法)
비전	정(頂)	정(情)	략(略)	칠(七)	투(鬪)
전략	일(一)	류(流)	공(攻)	수(守)	**군(群)**
마음가짐	지(智)	신(信)	인(仁)	용(勇)	엄(嚴)
전술	풍(風)	림(林)	화(火)	산(山)	해(海)

의사결정 Point

군(群) 전략이란 각 회사는 자립, 분산되어 운영되지만, 멀티 브랜드, 멀티 비지니스 모델로 결합되어 있는 시너지 그룹을 형성하여 대응한다는 의미. 소프트뱅크는 향후 300년 이상 지속되는 회사가 되기 위해 30년 이내에 5,000개 회사의 군 형성을 목표하고 있다.

《 질문 27 》

- 관공서에서 낙하산 인사 요청이 있다. 어떻게 대응해야 하나?
- 당신이 리더라면 어느 쪽을 선택할 것인가?

선택 1 — 업계 관행이므로 받아들인다.

선택 2 — 어떠한 경우라도 단호하게 거절한다.

나의 선택과 이유

손의 선택

어떠한 경우라도 단호하게 거절한다.

"앞으로 100년간 낙하산 인사는 받아들이지 않는다고 선언하였다."

업계 관행이기 때문에 받아들여야 한다고 생각하는 사람, 손을 들어 봐 달라?

손을 든 사람들은 먼저 집으로 돌아가도 된다. 최소한 소프트뱅크와는 맞지 않는 사람들이다. (웃음).

하지만 실제 90% 이상의 대기업, 유명 경영자일수록 받아들여야 한다를 선택할 수밖에 없는 것이 현실이다. 지금 이 자리에 있는 대부분의 사람들은 단호하게 거절한다를 선택하였다. 어찌 보면 일반적인 세상 기준에서 보면 비상식적인 사람들인 것이다. 비상식적이라도 문제없지 않은가? 나는 그렇게 생각하고 있다.

소프트뱅크는 앞으로도 비상식적인 기준을 지켜 나갈 것이다. 이런 일에 대해서는 비상식적이라도 상관없다. 나는 그렇게 생각하고 있다. 공언하지만, 앞으로 100년간 우리 소프트뱅크는 외부의 낙하산 인사는 절대 받아들이지 않는다. 공언한 대로 실천해 나갈 생각이다. (박수).

손의 병법

법(法). "기업을 영속시키는 것이 바로 법이다."

이념	도(道)	천(天)	지(地)	장(將)	법(法)
비전	정(頂)	정(情)	략(略)	칠(七)	투(鬪)
전략	일(一)	류(流)	공(攻)	수(守)	군(群)
마음가짐	지(智)	신(信)	인(仁)	용(勇)	엄(嚴)
전술	풍(風)	림(林)	화(火)	산(山)	해(海)

의사결정 Point

법(法)이란 시스템이나 방법론, 룰이나 체제를 만드는 일을 의미한다. 특히 성장하는 기업에 있어 이러한 법칙이 잘 정비되지 않으면 커다란 조직으로 성장할 수 없다.

《 질문 28 》

- 30년 후 시가 총액 200조 엔 회사를 만든다는 목표를 대외에 발표할 것인가?
- 당신이 리더라면 어느 쪽을 선택할 것인가?

선택 1 ◦— 대외적으로 선언해야 한다.
선택 2 ◦— 구체적인 목표를 명확히 밝힐 필요는 없다.

나의 선택과 이유

손의 선택

대외적으로 선언해야 한다.

"2010년 6월 25일 「신 30년 비전」을 발표. 30년 후 시가 총액 200조 엔, 글로벌 TOP 10 기업이 될 것이라고 선언."

이 질문에 대해 여러분 대부분은 대외적으로 선언해야 한다고 대답하였다.

나는 얼마 전 「신 30년 비전」에서 엄청난 선언을 했다. 이런 실현성도 없는 거대한 목표를 과연 공언해도 좋은가?라는 것에 관한 이야기다.

사실 이런 정도의 발표를 하려면 대단한 용기가 필요하다. 이와 같은 공언을 하려면 엄청난 고민을 해야 한다. 단지 발표만 하는 것이 아니라, 그 실현 방법에 대한 전략을 찾아내고 제시해야 하기 때문이다. 무책임한 허풍이라면 얼마든지 할 수 있다. 그러면 정말 사기꾼이 되는 것이다.

나는 10대부터 허풍을 떠는 버릇이 있었다. 하지만 적어도 지금까지 이야기한 것을 기한 내에 이루지 못한 것은 단 한번도 없었다고 자부한다. 생각한 대로 이루어지지 않았든지, 도중에 철수하는 등의 작은 허풍은 좀 있었지만…. (웃음).

하지만 큰 허풍, 인생 50년 계획 등과 같은 것을 수차례 선언하였지만, 전부 예정 기한 이전에 달성했다.

학생 시절 세웠던 목표는 하루에 15분 일하고 월 100만 엔 번다는 계획이었다. 19살 때의 일이다. 오늘 참석한 사람들 중에 하루 15분 일하고 100만 엔 버는 사람이 있는가? 아마 없을 것이다. 지금의 화폐가치로 환산하더라도 어려운 일이다. 30대, 40대가 되어도 어려울 것이다.

19살 나이에 한 번도 일한 경험이 없었고, 1엔도 스스로 벌어본 적이 없었다. 모두 처음 해보는 경험이었고, 왜 벌어야 하는지 아이디어조차 없는 상태였다.

부모님으로부터 지원을 받은 것도 아니었다. 하지만 먼저 공언했다. 하루에 15분 일하고 100만 엔을 번다. 따라서 1년 뒤부터는 부모님의 송금도 필요 없다고 먼저 부모님께 선언부터 했다.

선언을 한다는 것은 자기 자신을 밀어붙인다는 의미이기도 하다. 한 번 말을 내뱉은 이상, 어떻게 하든 그것을 달성해야 한다는 생각으로 자신의 인생에 대한 강한 책임감을 가지게 된다.

한 조직의 리더 또한 회사나 조직에 대해서 목표를 공언하고 그것을 실현하겠다고 하는 강한 결의를 가지고 조직을 이끌어야 한다. 나는 이것이야말로 진정한 리더십이라고 생각한다. 말만 하고 실천하지 않는 것은 쉽다. 말하지 않으면 달성하지 못하더라도 책임은 없다. 공언하고 달성하는 것이 훨씬 리스크가 크다. 잘 되지 않을 경우, 모양새가 빠지지만 말이다. 그래도 나는 공언해야 한다고 생각한다.

공언할 때는 무슨 일이 있든 달성하겠다고 하는 강한 결의와 함께 절대적으로 이루어낼 수 있는 자신만의 방법, 전체적인 대

책을 가지고 있어야 한다. 자신감이 없을 경우 공언해서는 안 된다.

현재의 자신의 수준보다 큰 목표를 공언해야 한다. 그것을 세상 사람들은 허풍이라고 한다. 세상 사람들이 보면 허풍이라도 본인의 자신감의 범위, 책임의 범위 이내라면 공언해야 한다고 생각한다. 상당한 자신감을 가진 사람이 아니면 그런 커다란 비전을 이야기할 수 없다. 하지만 그 정도까지 자신을 밀어붙이지 않으면 인생은 눈 깜짝할 사이에 지나가 버린다. 평범한 인생으로 끝나는 것이다.

그런 사람이 경영자가 되면 보통 회사로 끝난다. 연간 3% 신장하는 회사로 끝나는 것이다. 3% 성장에 만족하는 사람이라면 적어도 나의 후계자가 될 수 없다. 절대로 보통 회사를 목표로 하지 말라는 것이 오늘 나의 메시지다.

우리 비전은 이미 세상에 발표되었다. 글로벌 TOP 10, 시가 총액 200조 엔. 수치로 목표를 명확히 해야 한다. '세상 사람들을 행복하게 하는 회사가 된다'와 같은 추상적인 목표를 세워서는 스스로를 밀어붙이는 힘이 부족하게 된다.

그렇게 되면 결국 목표가 말 그대로 허풍으로 끝나게 되는 것이다.

여러분은 어느 쪽을 선택할 것인가?

손의 병법

도(道). "이념 없는 곳에 행동도 없다."

이념	도(道)	천(天)	지(地)	장(將)	법(法)
비전	정(頂)	정(情)	략(略)	칠(七)	투(鬪)
전략	일(一)	류(流)	공(攻)	수(守)	군(群)
마음가짐	지(智)	신(信)	인(仁)	용(勇)	엄(嚴)
전술	풍(風)	림(林)	화(火)	산(山)	해(海)

의사결정 Point

도(道)는 이념이며, 비전이며 뜻이다. 소프트뱅크 그룹에 있어서 도(道)는 정보혁명을 통해 사람들을 행복하게 만드는 일이다. 이 도를 실현하는 방법은 시대, 사람에 따라 바뀔 수 있지만 본질은 변하지 않는다.

MEMO

《 질문 29 》

- 후계자는 어떻게 선택하고 육성하는 것이 좋은가?
- 당신이 리더라면 어느 쪽을 택할 것인가?

선택 1 ● 회사 내에서 선발하고 육성한다.

선택 2 ● 그룹 내외부를 불문하고 폭넓게 최적의 인재를 발굴한다.

나의 선택과 이유

손의 선택

그룹 내외에서 폭넓게 최적의 인재를 발굴한다.

"전세계에서 모집한다. 10년 내에 시가 총액을 5배 성장시키는 것이 후계자의 책임."

세상 거의 모든 회사는 후계자를 자기 회사 내에서 선발하고 육성한다. 오늘 참석한 사람들 중 10% 정도도 같은 대답을 하였다. 물론 그룹 내에 최적의 인재가 있으면 다른 누구보다도 일상적인 업무에 정통하기 때문에 그보다 좋은 일은 없을 것이다.

하지만 그들을 능가하는 사람들이 외부에도 있다면 거기에서도 데려오고 싶다. 그것이 나의 생각이다. 하지만 책임은 막중하다. 재임 기간이 평균 10년이라고 하면 그 사이에 시가 총액을 다섯 배 이상 성장시켜야 한다. 연 평균 17%씩 성장하면 10년간 시가 총액이 5배가 넘게 된다. 어림잡아 계산해서 1년에 20%씩 성장해야 한다고 보면 된다.

물론 가장 우선해야 하는 것은 정보혁명을 통해 사람들을 행복하게 만드는 일이다. 이것이 본질 중의 본질이다. 그것을 달성할 수 없다면 이런 숫자는 아무 의미가 없다. 정보혁명을 통해 사람들을 행복하게 만들면서 이 숫자도 달성해야 비로소 의미가 있는 것이다.

손의 병법

장(將). "장수 혼자서는 전쟁을 치룰 수 없다."

이념	도(道)	천(天)	지(地)	**장(將)**	법(法)
비전	정(頂)	정(情)	략(略)	칠(七)	투(鬪)
전략	일(一)	류(流)	공(攻)	수(守)	군(群)
마음가짐	지(智)	신(信)	인(仁)	용(勇)	엄(嚴)
전술	풍(風)	림(林)	화(火)	산(山)	해(海)

의사결정 Point

큰 전투를 하거나, 혁명을 일으킬 때에는 뛰어난 장군을 많이 확보해야 한다. 어떤 전투를 하든지 대장은 물론, 뛰어난 사단장, 사령관 등 다양한 리더를 확보하지 못하면 전쟁에서 이길 수 없다.

MEMO

《 질문 30 》

- 후계자는 창업자의 철학을 계승해야만 하는가?
- 여러분이 리더라면 어느 쪽을 선택하겠는가?

| 선택 1 | 계승해야 한다. |
| 선택 2 | 굳이 계승할 필요가 없다. |

나의 선택과 이유

손의 선택

계승해야 한다.

"이념, 비전, 뜻. 소프트뱅크가 존재하는 '의미'는 절대 바뀌어서는 안 된다."

이제 마지막 질문이다. 창업자의 철학을 계승해야 할 것인가, 말아야 할 것인가? 여러분들의 선택은 거의 반반으로 나뉘어져 있는 것 같다.

대부분의 창업자들은 계승해 주기를 바랄 것이다. 나도 마찬가지로 우리의 본질, 즉 이념, 비전, 뜻과 같은 것은 바뀌지 않기를 바란다. 무엇을 위해 소프트뱅크가 존재하는 것인가? 그것은 절대 변해서는 안 된다고 생각한다. 뿌리 부분, 본질 부분에 대해서는 절대 바뀌지 않기를 바란다.

하지만 방법론은 바꾸어도 좋다. 나는 앞으로 4년 이내에 무차입 경영을 실현할 것이다. 그 후부터는 지속적으로 무차입 경영을 하겠다고 선언했다. 하지만 절대적으로 하지 않으면 안 될 커다란 승부처가 있다면, 그것이 정말로 중요하다면 선언은 무시해도 된다.

단, 그 당시의 경영진이 최선의 판단을 한다는 전제가 있어야 한다. 그것이 조건이지만 개인적으로 소프트뱅크가 엿가락처럼 어디를 자르더라도 같은 얼굴만 나오는 회사가 되기를 바라고 있지는 않다. 의사결정 방법과 같은 것은 사내에 과거부터 내려온 방법이 있으니 그대로 따라하면 된다고 생각해서는 안 된다. 습관, 관행은 무시해도 좋지만, 본질의 본질적인 부분에 대해서는 한 사람도 예외 없이 모두가 지켜주었으면 한다.

이상 리더의 중요 의사결정과 관련된 30가지 질문을 하고 또 그것에 대해 답을 했다.

이것은 어디까지나 일반론을 가지고 여러분들에게 질문했기 때문에 여러분의 선택과 나의 선택이 다르다고 실망할 필요는 없다. 단, 의사결정의 전제 조건을 구체적인 사례를 가지고 그 선택에 이르는 과정을 이야기함으로써 내 사고의 기본 틀에 대한 이미지는 어느 정도 전달되었으리라 생각한다.

소프트뱅크는 지금까지 이렇게 성장해 왔다. 과거의 이러한 발자취는 미래에 여러분이 커다란 결단을 내릴 때 반드시 참고가 될 것이라고 확신한다.

자! 이제부터는 뜻을 크게 가지고 여러분이 나설 차례다.

손의 병법

도(道). "이념 없는 곳에 행동도 없다."

이념	도(道)	천(天)	지(地)	장(將)	법(法)
비전	정(頂)	정(情)	략(略)	칠(七)	투(鬪)
전략	일(一)	류(流)	공(攻)	수(守)	군(群)
마음가짐	지(智)	신(信)	인(仁)	용(勇)	엄(嚴)
전술	풍(風)	림(林)	화(火)	산(山)	해(海)

의사결정 Point

  도(道)는 이념이며, 비전이며 뜻이다. 소프트뱅크 그룹에 있어서 도(道)는 정보혁명을 통해 사람들을 행복하게 만드는 일이다. 이 도를 실현하는 방법은 시대, 사람에 따라 바뀔 수 있지만 본질이 바뀌어서는 안 된다.

MEMO

후기

「해 봅시다!」

아마도 이 책을 읽는 분들이라면 손정의 트위터(@masason)에서 이 말을 자주 보았을 것이다. 소프트뱅크 공식 홈페이에서는 모든 일본 트위터 유저의 리퀘스트에 대해 손정의 회장이 직접 「해 봅시다」라고 회답한 내용의 진척도를 다음 사이트에서 바로 확인할 수 있다.(「해 봅시다」진척도 http://do.softbank.jp/)

기지국 증설, 무선 LAN 포트 확충, 호크스 USTREAM 중계, 소프트뱅크 샵의 대기용 의자 및 테이블 설치…. 크고 작은 개선 요구 사항에 대해 최고 경영자가 솔선수범해서 대응하는 프로세스가 점차 가시화되고 있다.

경영자와 일반 소비자가 직접 이러한 형태의 소통과 대응을 통해 해당 기업의 사업 및 서비스를 개선하는 사례는 다른 곳에서는 거의 볼 수 없는 일일 것이다.

물론 그 배경에는 트위터라고 하는 극히 오픈된 소셜 미디어가 큰 역할을 해주고 있기 때문에 가능한 일이기도 하다. 그러나 모든 경영자가「해 봅시다」라고 하지는 않는다.

그런데 왜 유독 손정의만「해 봅시다」라고 이야기하는 것일까? 그 이유는 이미 이 책에서도 분명히 하고 있기 때문에 부가설명은 하지 않겠지만, 손정의는 그렇게 하는 것이 곧 나의「길」이라고 믿고 있기 때문이라고 본다.

2011년 3월 1일(후쿠시마 원전 사고가 발생한 날)은 많은 사람들이 잊을 수 없는 날이 되었다. 그날 이후 손정의가「해 봅시다」라고 대답하는 횟수가 폭발적으로 늘어나고 또한「완료되었습니다」라고 답하는 스피드가 점점 짧아지고 있다.

피해자 지원 포털 개설, 피해 지역에 대한 휴대전화 무상 렌탈, 재해에 의해 고아가 된 사람들에 대해 18세까지 휴대전화 무상 제공,「피해자 특별 채용」실시. 위에서 언급한「해 봅시다」는 2011년 5월 시점에서 모두「완료되었습니다」로 바뀌었다.

하지만 그 후「해 봅시다」가 대폭 증가하면서 미완료 항목이 일부 생기고는 있으나, 국가적 비상상황에서 이 책 제목이기도 한「의사결정의 비법」의 힘이 유감없이 발휘되고 있다는 것을 몸소 느끼고 있다.

또한 소프트뱅크 그룹과 손정의 개인의 기부금도 발표되었다. 엄청난 규모의 개인 기부금과 함께 향후 급여 전액도 기부하겠다는 결정에 대해 많은 화젯거리가 되었다.

「길」을 실현하기 위해 무엇이 가능한가? 무엇을 해야 하는가? 답은 사람에 따라 다를 것이다. 개인 사정에 따라 지금 당장은 아무것도 하지 못하는 사람도 있을 것이다. 하지만 무언가 가능할 때에는 행동할 것을 서약하는 자세도 「길」 그 자체라고 할 수 있다.

하지만 두 번 다시 없는 기회가 왔음에도 무엇 하나 제대로 의사결정을 할 수 없다면 거기에 더 이상 길은 없다. 황금 같은 기회를 놓친 뒤 행동해 봐야 소용이 없다.

한 번도 겪어 보지 못한 재해를 당한 뒤, 손정의가 실행한 의사결정들에 대해 찬성하는 의견도, 반대 의견도 있을 수 있다. 그러나 그 결정 하나하나는 이 책에 수록된 강의 내용이 말해 주듯이 손정의가 「당신이라면 어떻게 하겠는가?」라고 모든 사람들에게 던지는 질문이기도 하다는 생각이 든다.

그런 측면에서 어쩌면 「해 봅시다」 그 자체가 손정의의 가장 중요한 병법일지도 모른다.

역자 후기

손정의나 그의 경영철학의 핵심인 '손의 제곱의 병법'에 대해 사전 지식이 없는 독자들에게 이 책은 다소 감흥이 떨어질 수 있다. 그 이유는 크게 두 가지이다.

이 책은 강의 내용을 단순히 편집하여 책으로 엮다보니 책의 구성이나 내용 등이 조금 드라이하게 느껴질 수 있다. 실제 강의 당일 날 현장에는 엄청난 기대와 흥분이 있었다. 외부에서도 수많은 사람들이 인터넷으로 동시에 접속하여 숨을 죽이고 그의 목소리에 귀를 기울였다. 현장에는 엄청난 열기와 열정이 있었다. 감동과 감명이 있었다. 하지만 책으로는 그런 생생한 분위기를 전달하기 어렵고 느낄 수도 없기 때문이다.

다른 하나는 손정의의 분신과도 같은 '손의 제곱의 병법'이 가지는 보편성이다. 사실 많은 독자들은 손정의 경영의 진수인 손의 제곱의 병법에 있는 25개 글자에 대해 뭔가 색다른 해설과 의미를 기대한 것에 비해 각 글자가 가진 의미는 극히 일반적이고 보편적이라는 생각이 들 수 있기 때문이다.

이런 두 가지 의미에서 손정의 특별 공개 강의에 많은 기대를 한 것에 대한 실망감이 있을 수 있다. 강의실에서의 현장감과 열기는 별도로 하더라도 우리에게는 평범하게 느껴지는 '손의 제곱의 병법'과 '의사결정 비법'이 손정의에게는 왜 유독 중요한 의미를 갖는 것일까?

본문에서 손정의는 "「제곱의 병법」은 나에게 있어서 영원한 테마이다. 한두 시간 안에 여기에 적혀 있는 25개 글자를 익히고 그 의미를 통째로 암기해 봐야, 그것은 글자를 이해한 것에 지나지 않는다고 생각한다. 진정한 이해란 이 25개 글자를 마음에 새기고 현실 속에서 여러 가지 시련을 극복하는 가운데 노하우를 익혀 나가는 일이며, 그러면서 자신만의 성공 비결을 습득하는 것이다. 그렇게 해야만 비로소 이 문자판이 여러분의 것이 되리라고 생각한다"라고 이야기하고 있다. 어쩌면 손정의는 이미 이러한 우리를 염두에 두고 있었기 때문에 그런 당부를 했는지도 모른다.

사실 이 책을 처음 접한 나의 느낌도 비슷하다. 그럼에도 불구하고 이 책을 소개해야겠다고 결심한 이유는 수차례 책을 읽으면서 강의를 듣거나 책을 읽는 우리보다 강의 전날 새벽까지 '제곱의 병법'에 대해 고민하는 그의 열정과 진심이 느껴졌기 때문이다. 내가 이 책을 읽고 번역하면서 느낀 점은 크게 세 가지이다.

첫 번째, 세상은 변한다. 어떤 변화가 오더라도 자신이 가야 할 길을 잃지 않으려면 자신만의 나침반을 가져야 한다는 것이다. 지진이 일어나고 해일이 일고 폭풍이 몰아치더라도 나침반만 있으면 자기 집, 자기 목표를 향해 나갈 방향이 분명해진다. 감이나 경험이나 친구를 따라가서는 안 된다. 철저하게 검증되고 흔들리지 않는 믿고 의지할 수 있는 도구가 있어야 한다. 손정의에게 그것이 곧 '손의 제곱의 병법'인 것이다.

두 번째는 길을 헤치고 나갈 수단, 즉 지도가 있어야 한다는 것이다. 육로를 개척할 것인지, 호수를 건너갈 것인지, 하늘을 가로질러 갈 것인지…. 지도를 펼쳐 놓고 가장 빠르고 안전하게 목적지에 도착할 지름길을 찾아내야 한다. 길을 가는 동안 여러 가지 필요 자원과 리스크도 고려해야 한다. 그러기 위해서는 지도를 읽는 능력, 독도법도 필요하다. 그러한 전과정이 바로 의사결정인 것이다.

손정의에게는 그러한 모든 상황을 고려한 것이 '손의 제곱의 병법'의 25개 각 글자가 가지는 의미와 역할이다.

마지막으로 목적지를 향해 가는 도중에 생길 수 있는 갖가지 어려움을 극복하고 앞으로 나아갈 수 있는 투지(鬪志)가 있어야 한다는 것이다.

아무리 성능 좋은 나침반이 있더라도, 아무리 정밀한 GPS가 달린 지도가 있더라도 주인공의 돌파력, 목표달성 의지가 약해서는 목적지에 도달할 수 없다.

그런 의미에서 손정의는 이 책에서 25개 글자 중 특히 투(鬪)에 대해 여러 번 그 의미와 중요성을 강조하고 있다.

이 책이 출판된 지 15년의 세월이 흘렀다. 그동안 엄청난 세상의 변화가 있었다. 그리고 더욱 큰 변화가 지금도 일어나고 있다.

그럼에도 불구하고, 이 책이 꾸준히 사랑받고 있는 이유는 수많은 변화와 시간 속에서도 손정의는 이 책에서 이야기한 것처럼 지금도 모든 의사결정을 그가 만든 나침반, 지도, 독도법으로 하고 있기 때문이다. 그런 의미에서 이 책은 여전히 대단한 생명력을 가지고 있다. 깊은 울림이 있다.

지금 당신에게도 엄청난 변화와 시련 속에서 자신을 지켜주는 자신만의 나침반이 있는가? 지도는 있는가? 그리고 목표를 성취할 투지가 있는가?

- 아주 특별한 경영 수업 -

소프트뱅크 손정의 회장 직강

|초 판 인 쇄| 1판 1쇄 2025년 07월 14일
|초 판 인 쇄| 1판 4쇄 2025년 09월 10일

|저　　　자| 손정의
|역　　　자| 김성영
|펴 낸 이| 최검열
|출 판 총 괄| 이재향
|편 집 책 임| 구본희
|편　　　집| 이수정
|펴 낸 곳| 도서출판 밀알
|등 록 번 호| 제1-158호
|주　　　소| 인천 서구 당하동 1235-3 리슈빌 802호
|전　　　화| 02) 529-0140
|홈 페 이 지| www.milalbook.com
ISBN 978-89-418-0345-4
■ 잘못된 책은 교환해 드립니다.